Facebook निर्माता मार्क जुकरबर्ग

Facebook निर्माता मार्क जुकरबर्ग

संजय भोला 'धीर'

प्रभात प्रकाशन

प्रकाशक
प्रभात प्रकाशन प्रा. लि.
4/19 आसफ अली रोड, नई दिल्ली-110002
फोन : 011-23289777 • हेल्पलाइन नं. : 7827007777
इ-मेल : prabhatbooks@gmail.com ❖ वेब ठिकाना : www.prabhatbooks.com

संस्करण
2026

पेपरबैक मूल्य
चार सौ पचास रुपए

मुद्रक
प्रिंट मीडिया, नई दिल्ली

FACEBOOK NIRMATA : MARK ZUCKERBERG
by Shri Sanjay Bhola 'Dheer'

Published by **PRABHAT PRAKASHAN PVT. LTD.**
4/19 Asaf Ali Road, New Delhi-110002

ISBN 978-93-5266-560-0

₹ 450.00 (PB)

लेखकीय

इंटरनेट ने हमारी दुनिया को बहुत छोटा बना दिया है। अब हर सूचना, हर जानकारी हमारी उँगलियों पर है। ऐसे में सोशल नेटवर्किंग वेबसाइटों ने मीलों दूर बैठे लोगों को आपस में इस प्रकार जोड़ दिया है, मानो वे उनके परिवार के ही सदस्य हों। ये सोशल नेटवर्किंग वेबसाइटें अपने दोस्तों, परिचितों व संबंधियों से संपर्क बनाए रखने तथा अपनी रोजमर्रा की खुशियाँ शेयर करने का सबसे बड़ा स्थान हैं, जहाँ हर कोई अपने दिल की बात कह सकता है।

मार्क जुकरबर्ग—एक ऐसा नाम, जो विश्व भर के अरबों लोगों के दिलों पर ही नहीं, बल्कि दिमाग पर भी इस कदर छाया हुआ है कि लोग उन्हें अपना मित्र, अपना भाई, अपना पुत्र, अपना आदर्श, अपना सपना और न जाने क्या-क्या समझने लगे हैं। वही मार्क, जिन पर विश्व-प्रसिद्ध विश्वविद्यालय हार्वर्ड से 'ड्रॉप आउट', यानी छोड़ देने का ठप्पा लगा और वह भी सिर्फ इसलिए कि वे समाज के लिए कुछ करना चाहते थे और उसी का नतीजा है—फेसबुक, जिसके बारे में मार्क कहते हैं—

"हमने लोगों को ऐसा मंच प्रदान किया है, जहाँ उन्हें अपनी बात करने की पूरी आजादी है। देखना यह है कि लोगों को यह शक्ति देने में हमारी भूमिका का क्या नतीजा होता है?"

जी हाँ! फेसबुक, हम सबकी जिंदगी से जुड़ा एक ऐसा क्रिया-कलाप, जिसके बिना हम अपनी रोजमर्रा की दिनचर्या की कल्पना भी नहीं कर सकते। जब तक हम दिन में कम-से-कम एक बार अपना फेसबुक अकाउंट खोलकर नहीं देख लेते, हमें चैन नहीं आता। प्रत्येक यूजर को किसी-न-किसी प्रतिक्रिया, लाइक, मित्रों द्वारा अपडेट या कुछ-न-कुछ नया देखने की तड़प ही फेसबुक की ओर खींच ले जाती है।

फेसबुक के अलावा ट्वीटर, लिंक्डइन, पिंट्रैस्ट, गूगल प्लस, टंबलर, इंस्टाग्राम, वीके, फ्रिलकर, मीट अप, टैगगड, आस्क एम, क्लॉस मेटस आदि कई सोशल

नेटवर्किंग साइटें इस दिशा में कार्यरत हैं। पहले ऑरकुट नाम की वेबसाइट हुआ करती थी, लेकिन उसका समय काफी कम रहा। ऑरकुट में स्क्रैप हुआ करते थे, जिन्हें देखने में आनंद आता था; लेकिन फेसबुक में स्टेटस, कमेंट व लाइक ने सबकुछ भुला दिया है। विश्व भर में तेजी से क्रांति का वाहक बनती ये साइटें भ्रष्टाचार पर भी लगाम कसने का साधन बनती जा रही हैं। हर कोई अपने विचारों को व्यक्त करने के लिए इन्हीं वेबसाइटों का सहारा ले रहा है। इन्हीं वेबसाइटों की श्रेणी में 'फेसबुक' अपने यूजर्स की जिंदगी का एक अहम हिस्सा बना हुआ है, जिसे मार्क जुकरबर्ग ने एक तोहफे के रूप में इस संसार को दिया है।

मार्क की रुचि बचपन से ही दूसरों से कुछ अलग करनेवालों में से थी। उनके रुझान को लेकर अलग तरह के संकेत दिखने शुरू हो गए थे। वे धीरे-धीरे दूसरों से अलग होते चले गए और एक समय ऐसा आया, जब बच्चे बचपन में अपनी कक्षा में बैठकर अक्षरों की भाषा सीखते थे। मार्क कंप्यूटर और सॉफ्टवेयर जैसी चीजों में अपना सिर खपाने लगे। उन्होंने अपनी दुनिया ही अलग बना ली, जिसमें वे धीरे-धीरे रमते गए। कंप्यूटर क्या होता है, यह कैसे काम करता है, इससे क्या-क्या किया जा सकता है, यह कहाँ-कहाँ प्रयोग किया जा सकता है आदि ऐसे कई सवाल थे, जिन्होंने मार्क को इस कदर जुनूनी बना दिया था कि उन्हें इसके अलावा कुछ सूझता ही नहीं था। इसी जुनून का परिणाम है कि आज उनकी गिनती विश्व भर के चुनिंदा लोगों में की जाती है।

आज सोशल नेटवर्किंग वेबसाइट फेसबुक कंपनी के संस्थापक और मुख्य कार्यकारी अधिकारी मार्क जुकरबर्ग दुनिया के सबसे कम उम्र में बननेवाले अरबपतियों में से एक हैं। उन्हें 'टाइम' पत्रिका ने वर्ष 2010 का 'पर्सन ऑफ द ईयर' चुना। वह विश्व के दूसरे सबसे कम उम्र के 'पर्सन ऑफ द ईयर' बन गए। मार्क को यह सम्मान दुनिया के सबसे कम उम्र के अरबपतियों में एक होने के साथ-साथ सबसे कम उम्र के दानी होने के कारण दिया गया। शिक्षा में सुधार के लिए उन्होंने वर्ष 2010 में 10 करोड़ डॉलर की राशि दान में दी थी।

फेसबुक जैसा इतना बड़ा अंपायर स्थापित करना कोई मामूली बात नहीं। इसके पीछे मार्क की सूझ-बूझ व लगन है, जिसने आज उन्हें इस मुकाम पर लाकर खड़ा कर दिया है। जिस समय मार्क हार्वर्ड में शिक्षा ग्रहण कर रहे थे, उस समय उनके कई साथी फेसबुक जैसी सोशल नेटवर्किंग साइट तैयार करने में लगे थे; लेकिन मात्र दस वर्ष का इतिहास गवाह है कि इतनी अधिक लोकप्रियता किसी ने नहीं पाई, जितनी मार्क ने पाई है। इस दौरान ऐसी कई सोशल नेटवर्किंग साइटें आईं और

चली गईं। मार्क के जुनून ने इसका आज तक अस्तित्व बरकरार रखा है। आँकड़े बताते हैं कि पिछले दस वर्षों में फेसबुक कहाँ से कहाँ पहुँच गया। यह मार्क की ऊँची सोच का ही परिणाम है कि फेसबुक कम्युनिकेशन का सबसे उत्तम साधन बन गई है, वरना 21वीं सदी में कोई भी कंप्यूटर इंजीनियर यह नहीं सोच पाया था कि कम्युनिकेशन की इतनी अच्छी तरकीब भी प्रयोग में लाई जा सकती है। मार्क ने फेसबुक के माध्यम से एक ऐसा प्लेटफॉर्म बना दिया है, जो वर्षों तक लोगों को आगे से आगे जोड़ता चला जाएगा। कुछ भी नया काम शुरू करने को लेकर मार्क की सोच एकदम स्पष्ट है। उनका कहना है कि—

"किसी भी तरह का जोखिम न लेना सबसे बड़ा जोखिम है। दुनिया तेजी से बदल रही है। इसमें नाकामयाबी की गारंटी देनेवाली सिर्फ एक ही सोच है और वह है जोखिम न लेना।"

यह बात उन्होंने स्टैनफोर्ड विश्वविद्यालय में उद्यमियों और कंप्यूटर हैकरों के वार्षिक सम्मेलन के दौरान कही। उन्होंने यह भी कहा कि यदि वे फेसबुक न बना पाते तो शायद माइक्रोसॉफ्ट में बतौर इंजीनियर की नौकरी कर रहे होते।

फेसबुक पर बैठकर अपने मित्रों से बातचीत करने या अपने कमेंट्स व तसवीरों पर उनसे राय लेना जितना सरल था, फेसबुक पर कुछ लिखना और मार्क की जीवनी पर काम करना उतना ही दुरूह रहा। दरअसल जो लोग अपने जीवन को सार्वजनिक कल्याण व समाज के लिए समर्पित कर देते हैं, उनके निजी जीवन का कोई अस्तित्व ही नहीं रहता। वे जो भी सोचते, कहते या करते हैं, उसमें उनका समाज के किसी-न-किसी वर्ग के प्रति कल्याण व सुधार का ही भाव होता है।

मार्क की जीवनी लिखते समय प्रामाणिक सामग्री जुटाने के लिए मुझे मार्क के सार्वजनिक जीवन से जुड़े प्रसंगों को ही खँगालना पड़ा, जिस कार्य में मेरे पुत्र कुशल भोला ने बखूबी साथ दिया। उसने विविध वेबसाइटों व फेसबुक के पेजों के माध्यम से मार्क के विषय में बहुत सी जानकारी व पठनीय सामग्री एकत्र करके दी। उसके प्रति अपना आभार प्रकट करता हूँ। संदर्भ के लिए विभिन्न वेबसाइटों, समाचार-पत्रों व पुस्तकों की सहायता ली गई। वे भी मेरी ओर से धन्यवाद के पात्र हैं।

मार्क बड़ी तेजी से अपने फेसबुक अभियान को सामाजिक सरोकारों से जोड़ने की दिशा में अग्रसर हैं। इसलिए मेरा प्रयास यही है कि आप तक उनके प्रत्येक प्रयास की ताजा जानकारी पहुँचा सकूँ। अब यह पुस्तक अपने लक्ष्य में कहाँ तक सफल रही, यह निर्णय तो पाठक के ही हाथ में होता है...!

अनुक्रम

मार्क जुकरबर्ग की अनूठी सोच : फेसबुक

आज की भाग-दौड़ भरी जिंदगी में लोगों के पास एक-दूसरे के लिए समय नहीं बचा है। कार्य की बढ़ती हुई माँग और समय की कमी ने लोगों को अपनों से दूर कर दिया है और वे चाहते हुए भी एक-दूसरे के लिए समय निकालने में असमर्थ हैं। सोशल नेटवर्किंग वेबसाइटों ने इस दिशा में पहल करके एक महत्त्वपूर्ण कार्य का बीड़ा उठाया। इससे वे न केवल अपने परिवारजनों, मित्रों, परिचितों से संपर्क रख सकते हैं, बल्कि अपने विचारों का आदान-प्रदान भी कर सकते हैं। इसके लिए न ही कोई समय सीमा है और न ही कहीं आने-जाने की असुविधा। आप कभी भी, कहीं भी, किसी भी रूप में उनसे संपर्क साध सकते हैं।

इन वेबसाइटों के यूजर्स अपने द्वारा गठित किए हुए नेटवर्क क्षेत्र में शामिल हो सकते हैं। फेसबुक भी इसी प्रकार की वेबसाइटों का एक ऐसा उदाहरण है, जिससे जुड़े यूजर्स न केवल अपने मित्रों से संपर्क बनाए रख सकते हैं, बल्कि दूर-दराज बैठे अपने परिवारजनों, मित्रों, सहपाठियों, परिचितों से समय-समय पर तसवीरों व वीडियो के माध्यम से विचारों का आदान-प्रदान कर सकते हैं। इस विश्व-प्रसिद्ध वेबसाइट का आविष्कार मार्क इलियट जुकरबर्ग ने तब किया था, जब उनकी उम्र मात्र 19 वर्ष थी।

फेसबुक से कनेक्ट होने के लिए यूजर्स को इंटरनेट के माध्यम से अपना एक अकाउंट बनाना होता है। यह अकाउंट वही व्यक्ति बना सकता है, जिसकी आयु 13 वर्ष या उससे अधिक हो। इसके साथ ही आपके पास एक वैध इ-मेल एड्रेस होना चाहिए, जिससे फेसबुक पर नामांकन की प्रक्रिया को पूरा किया जाता है। यह ध्यान रखना आवश्यक होता है कि आपके द्वारा दिया गया इ-मेल काल्पनिक या

अवैध होने की स्थिति में आप फेसबुक से नहीं जुड़ सकते। इस अकाउंट को आप एक पासवर्ड की सहायता से खोल सकते हैं। यह पासवर्ड आप स्वयं ही निर्धारित करते हैं। यह समझ लें कि आपका पासवर्ड एक गुप्त कोड है, जो आपके अकाउंट खोलने के लिए बहुत महत्त्वपूर्ण है। इसे किसी अनजान व्यक्ति से शेयर नहीं करना चाहिए और न ही किसी अनजान व्यक्ति को यह मौका दें कि वह आपका पासवर्ड जान सके; क्योंकि ऐसा होने की स्थिति में वह आपके अकाउंट का गलत इस्तेमाल कर सकता है। अत: अपना पासवर्ड सुरक्षित रखें।

अकाउंट तैयार हो जाने के बाद आप फेसबुक के यूजर्स की श्रेणी में आ जाते हैं। आप अपने प्रोफाइल पेज पर अपने नाम के साथ अपनी तसवीर लगा सकते हैं और अपनी जन्मतिथि, शिक्षा, कार्य-स्थल का विवरण आदि देकर अपने ब्यौरे को अपडेट कर सकते हैं। अपने अकाउंट के द्वारा आप बचपन में अपने साथ पढ़े मित्रों व परिचितों के नाम डालकर उन्हें ढूँढ़ सकते हैं। इसी के साथ वे लोग भी आपके साथ जुड़ जाते हैं और आपके मित्रों की शृंखला बढ़ती जाती है।

यही नहीं, फेसबुक के यूजर्स अपना एक अलग समूह भी बना सकते हैं, जिसमें वे अपनी रुचि, कॉलेज, परिवार, कंपनी, किसी विशेष जाति आदि के लोगों को शामिल कर सकते हैं। इसी समूह के माध्यम से वे समय-समय पर होनेवाले कार्यक्रमों, संगोष्ठियों, उत्सवों एवं अन्य गतिविधियों की सूचना अपने सभी सदस्यों को भेजते हैं और उन्हें आमंत्रित करते हैं। यूजर्स यहाँ अपनी रुचि, धर्म, राजनीतिक और धार्मिक अभिरुचि व्यक्त कर समान विचारोंवाले सदस्यों को भी अपना मित्र बना सकते हैं। इस वेबसाइट के तकनीकी विशेषज्ञ इस प्रकार के प्रोग्राम तैयार करते हैं, जिनके द्वारा यूजर्स अपनी रुचियों को परिष्कृत कर सकते हैं।

फेसबुक पर अपने या अपनी रुचि के फोटो भी अपलोड किए जा सकते हैं और उन्हें अपने मित्रों से शेयर किया जा सकता है। इसके लिए उन फोटो को देखने का अनुमति स्तर निश्चित करना होता है। यह स्तर निश्चित करता है कि आपके फोटो कौन देख सकता है और कौन नहीं देख सकता। इन फोटो का संग्रह भी अलग-अलग एलबम बनाकर किया जा सकता है। फेसबुक पर आपके द्वारा की गई कोई भी प्रतिक्रिया 'स्टेटस अपडेट' कहलाता है। यह वह प्रक्रिया होती है, जिससे यूजर्स को अपने मित्रों को यह बताने की सुविधा होती है कि वह किसी विशेष समय में क्या कर रहा है, क्या सोच रहा है, किस स्थान पर है आदि।

फेसबुक मित्रों से सीधे बातचीत करने की सुविधा भी प्रदान करता है। इसे 'चैटिंग' कहा जाता है। इसके लिए आवश्यक होता है कि आप जिस मित्र से बात

करना चाहते हैं, वह और आप दोनों अपना फेसबुक अकाउंट खोलें तथा 'चैट ओपन' करके एक-दूसरे को संदेश भेजें। आपकी ओर से संदेश चले जाने पर दूसरी ओर से आपका मित्र उसका जवाब देता है और उसकी ओर से भेजने पर वह संदेश आपके पास आ जाता है। इसी प्रकार लगातार संदेशों के आने-जाने से आप अपने मित्र से जितनी चाहे, बातचीत कर सकते हैं।

इसके अलावा, कुछ पब्लिक अकाउंट भी बनाए जाते हैं। ये अकाउंट उन लोगों के होते हैं, जो लोगों में प्रसिद्ध हों। इनमें नेतागण, फिल्म स्टार, गायक, कोई बड़ा सामाजिक संगठन आदि हो सकते हैं। ये ऐसे अकाउंट होते हैं, जिन्हें हर कोई देख सकता है और जान सकता है। यूजर्स उनके द्वारा किए गए कार्यों की समीक्षा कर सकते हैं, उनके फोटो को लाइक कर सकते हैं, उन्हें अपनी शुभकामनाएँ भेज सकते हैं और उनके फोटो शेयर कर सकते हैं। पब्लिक अकाउंट पिछले कुछ दिनों से काफी लोकप्रिय होता जा रहा है। इस श्रेणी में अमेरिका के पूर्व राष्ट्रपति बराक ओबामा, फ्रांस के पूर्व राष्ट्रपति निकोलस सरकोजी, भारत के सुपर स्टार अमिताभ बच्चन सहित अनेक जानी-मानी हस्तियों के अकाउंट हैं। किसी-न-किसी संगठन से जुड़ी हस्तियाँ स्वयं या संगठन से जुड़ी बातों को अपने प्रशंसकों से बाँटती हैं और आपस में बातचीत के लिए फेसबुक का प्रयोग करती हैं।

"किसी व्यक्ति को जानने के लिए यह जानना आवश्यक होता है कि वह अपने बारे में आपको क्या बताना चाहता है।"

□

मार्क जुकरबर्ग का पारिवारिक परिचय

मार्क जुकरबर्ग का पूरा नाम मार्क इलियट जुकरबर्ग है। उनका जन्म 14 मई, 1984 को हडसन नदी के किनारे न्यूयॉर्क के डॉब्स फेरी नामक स्थान में हुआ। सभी प्यार से उन्हें 'मार्क' बुलाते हैं। मार्क के पिता डॉ. एडवर्ड जुकरबर्ग एक दंत विशेषज्ञ हैं और माता करेन केंप्नर एक मनोचिकित्सक हैं। मार्क अपने माता-पिता की दूसरी संतान हैं। उनकी तीन बहनें हैं, जिनके नाम रैंडी, डोना और अरिएल्ले हैं।

मार्क के पिता डॉ. एडवर्ड जुकरबर्ग न्यूयॉर्क शहर में ही पले-बढ़े हैं। उनके पिता जैक जुकरबर्ग एक डाकिया थे। उनकी माता का नाम मरियम था। जैक का जीवन काफी संघर्षमय रहा। उनका परिवार विस्थापित परिवारों में से एक था, जिन्हें जीवन में काफी कष्ट उठाने पड़े। जैक भी ऐसे ही लोगों में से एक थे। वे एक जुनूनी प्रतिभा के व्यक्ति थे, जिन्होंने अपने परिवार के लिए लगातार कुछ-न-कुछ करते रहने का संघर्ष किया। उनकी आमदनी काफी कम थी, लेकिन फिर भी उन्होंने अपने मोहल्ले में सबसे पहले रंगीन टेलीविजन खरीदा, जिससे नन्हे एडवर्ड की खुशी का ठिकाना न रहा। वह घंटों बैठकर टेलीविजन पर अपने पसंदीदा कार्यक्रम देखता रहता और उनसे बहुत कुछ सीखता।

एडवर्ड पढ़ने-लिखने में होशियार होने के साथ-साथ कई अन्य गतिविधियों में भी कुशल था। एडवर्ड ने अपनी तीव्र बुद्धि के बल पर हाई स्कूल में विज्ञान व गणित में अच्छे अंक लाकर अपने माता-पिता का नाम रोशन किया। वह आगे चलकर कंप्यूटर विज्ञान पढ़ना चाहता था, लेकिन उसके पिता जैक चाहते थे कि वह एक दंत चिकित्सक बने। अत: अपने पिता के सपने को साकार करने के लिए एडवर्ड ने सन् 1975 में न्यूयॉर्क शहर के ब्रुकलिन कॉलेज में दाखिला ले लिया और वहाँ से जीव विज्ञान में स्नातक की उपाधि ग्रहण की। उच्च शिक्षा के लिए उन्होंने मैनहट्टन स्थित न्यूयॉर्क यूनिवर्सिटी कॉलेज ऑफ डेंटिस्ट्री में दाखिला लिया। यह

दंत चिकित्सा महाविद्यालय अपनी उत्कृष्ट क्लीनिकल ट्रेनिंग, अनुसंधान प्रतिष्ठाक्रम तथा रोगियों की विविध प्रकार की गतिविधियों के लिए जाना जाता था। एडवर्ड को इस बात की बहुत प्रसन्नता थी कि वे अपने पिता के सपने को पूरा करने जा रहे हैं।

एक संघर्षमय यहूदी परिवार होने के नाते तथा माता-पिता को आर्थिक सुरक्षा प्रदान करने के लिए उन्हें अपने पेशे से तत्काल आमदनी की शुरुआत करनी थी। एडवर्ड को इस कॉलेज में दाखिला लेने के बाद एक अच्छे भविष्य की उम्मीद दिखाई देने लगी। एडवर्ड मन लगाकर अपनी पढ़ाई में जुट गए और एक उन्नत भविष्य की ओर अग्रसर होते गए। इसी दौरान उनकी मुलाकात उस लड़की से हुई, जो आगे चलकर उनकी जीवन साथी बनी। एक दिन उनकी मुलाकात ब्रुकलिन कॉलेज में शिक्षा ग्रहण कर रही जीव विज्ञान की छात्रा करेन केंप्नर से हुई। करेन अंतर स्नातक की छात्रा थी और एडवर्ड से हुई कुछ ही मुलाकातों के बाद दोनों ने एक-दूसरे को पसंद कर लिया। दोनों ने विवाह करके एक साथ जीवन बिताने का निश्चय कर लिया।

एडवर्ड ने अपनी पढ़ाई पूरी की और वह सन् 1978 में दंत शल्य चिकित्सक की उपाधि ग्रहण करके दंत चिकित्सक बन गए। उन्होंने ब्रुकलिन में ही एक दंत चिकित्सालय शुरू कर दिया और 1979 में करेन से विवाह कर लिया। चूँकि करेन उस समय न्यूयॉर्क मेडिकल कॉलेज में मनोचिकित्सा की पढ़ाई कर रही थी, अतः एडवर्ड ने व्हाइट प्लेंस में मकान लिया, ताकि करेन को उसके कॉलेज आने-जाने में सुविधा रहे और दोनों वहाँ रहने लगे। एडवर्ड को काफी समय तक वहाँ से 52 कि.मी. का सफर तय करके रोजाना ब्रुकलिन आना पड़ता था।

सन् 1982 में उनके विवाहित जीवन में खुशियाँ भरने सबसे पहले रैंडी जुकरबर्ग ने जन्म लिया। पूरे घर में उल्लास का वातावरण था और सभी ने रैंडी का स्वागत किया। रैंडी के जन्म के दो वर्ष पश्चात् सन् 1984 में मार्क पैदा हुए और उनके पैदा होने के तीन वर्ष बाद उनकी छोटी बहन डोना जुकरबर्ग पैदा हुई। एडवर्ड को अपना वह घर छोटा लगने लगा और उन्होंने डॉब्स फेरी में नए घर का निर्माण शुरू करवाया। वह बहुत ही शांत इलाका था और चारों ओर से नदियों व पर्वतों से घिरा तथा प्राकृतिक वातावरण से भरपूर था, जो किसी भी व्यक्ति को अपनी ओर खींच सकता था। एडवर्ड सन् 1987 में अपने बच्चों को लेकर नए घर में चले गए। उन्होंने उसी घर के बेसमेंट में ही अपना दंत चिकित्सालय बना लिया और कार्य करने लगे।

मार्क की माता करेन अब बाकायदा एक लाइसेंस धारक मनोचिकित्सक थीं

और उन्होंने एडवर्ड के चिकित्सालय के प्रबंधन का सारा कार्य अपने कंधे पर ले लिया था; लेकिन कुछ ही समय पश्चात् उन्हें अपने पेशे को पूरी तरह से त्यागना पड़ा, क्योंकि समय की कमी और बच्चों की बढ़ती जिम्मेदारियों के कारण वे अपने पेशे को समय नहीं दे पा रही थीं। अत: उन्होंने पूर्ण रूप से अपने आपको अपने पेशे से आजाद कर लिया और अपना पूरा समय घर और बच्चों की परवरिश पर लगा दिया। उनका मानना था कि उनके लिए परिवार व बच्चों से बढ़कर कोई चीज नहीं और परिवार की सेवा ही उनके जीवन का सबसे बड़ा कर्तव्य है।

रैंडी जेन जुकरबर्ग मार्क की सबसे बड़ी बहन हैं। रैंडी का जन्म 28 फरवरी, 1982 को हुआ था। रैंडी एक बहुमुखी प्रतिभा की युवती हैं। फेसबुक में आने से पूर्व वे एक पेनलिस्ट थीं। रैंडी ने वर्ष 2011 तक फेसबुक की मार्केटिंग व सोशल टीम का नेतृत्व किया। वे छह साल तक फेसबुक से जुड़ी रहीं। उसके बाद उन्होंने फेसबुक को अलविदा कह दिया। रैंडी ने कहा कि वे महसूस करती हैं कि फेसबुक से बाहर निकलने और मीडिया उद्योग में चल रहे ताजा प्रचलन पर ध्यान देकर एक कंपनी बनाने का यह सबसे अच्छा समय है।

उन्होंने कहा, ''मैंने फैसला किया है कि फेसबुक छोड़ने का समय आ गया है। जब मैं अपनी परियोजनाओं के बारे में सोचती हूँ तो पाती हूँ कि कंपनी में बिताए गए छह साल मेरे लिए सबसे अच्छे रहे।''

फेसबुक ने भी रैंडी के जाने की पुष्टि कर दी और एक वक्तव्य में कहा, ''हम इस बात की पुष्टि करते हैं कि रैंडी ने अपनी कंपनी शुरू करने के लिए फेसबुक छोड़ने का फैसला किया है। हम सभी उनकी महत्त्वपूर्ण सेवाओं के लिए आभारी हैं।''

इस बीच उनके भाई मार्क जुकरबर्ग ने इस पर कोई सीधी टिप्पणी नहीं की। रैंडी ने अपनी सोशल मीडिया परामर्शदाता कंपनी 'आरटूजेड मीडिया' शुरू करने की योजना बनाई।

रैंडी ने दो पुस्तकों का लेखन भी किया है, जिनके नाम हैं—'डॉट कॉम्पलिकेटिड' तथा 'डॉट'। 'डॉट कॉम्पलिकेटिड' उनकी अपने जीवन की यात्रा से संबंधित है और 'डॉट' में उन्होंने बच्चों के बचपन को तसवीरों के माध्यम से व्यक्त किया है। रैंडी एक टेलीविजन के निर्माण कार्य से जुड़ी हुई हैं और उन्हें वर्ष 2011 के अमेरिका के मध्यावधि चुनावों की ऑनलाइन कवरेज के लिए एमी अवॉर्ड के लिए नामांकित किया गया था। वर्ष 2012 में उन्हें सिलिकॉन वैली की एक टी.वी. श्रृंखला के लिए कार्यकारी निर्माता बनाया गया, जिसके लिए उन्होंने

अपना अभूतपूर्व योगदान दिया। वे अपने पति ब्रेंट तथा पुत्र आशेर के साथ सिलिकॉन वैली में रहती हैं।

मार्क की दूसरी बहन का नाम डोना जुकरबर्ग है। वे एक फूड ब्लॉग चलाती हैं। उन्होंने हाल ही में प्रिंस्टन से पी-एच.डी. की उपाधि ग्रहण की है। अरिएल्ले जुकरबर्ग मार्क की सबसे छोटी बहन हैं। वे सैन फ्रांसिस्को की एक सोशल मीडिया विज्ञापन कंपनी 'वाइल्डफायर इंटरेक्टिव' के लिए कार्य करती हैं, जो फेसबुक जैसी सोशल नेटवर्किंग वेबसाइटों के लिए विज्ञापन जुटाने का कार्य करती है। इससे पूर्व वे गूगल के लिए कार्य करती थीं। अरिएल्ले ने मई 2011 में साउथ कैलिफोर्निया के क्लारमॉण्ट मैक केन्ना कॉलेज से स्नातक की परीक्षा पास की। वे एक स्वतंत्र विचार रखनेवाली युवती हैं। उनका मानना है कि जिंदगी को स्वतंत्र रहकर जीने का मजा ही कुछ अलग है।

''फेसबुक की 'टाइमलाइन' आपके जीवन की कहानी है।''

□

मार्क का बचपन व शिक्षा

मार्क बचपन से ही एक विलक्षण प्रतिभा और अपनी सूझ-बूझ के लिए जाने जाते थे। उनके घर का वातावरण इस प्रकार था कि उन्हें अपने परिवार और पिता से इलाज करानेवाले मरीजों—दोनों से ही घनिष्ठता हो गई थी। वे अकसर मरीजों को अपने घर की बैठक में इंतजार करते यहाँ-वहाँ घूमा करते देखा करते थे। इसी से उन्हें चिकित्सा उपकरणों के बारे में भी काफी जानकारी हो गई थी। मार्क और उनकी छोटी बहन अरिएल्ले उन उपकरणों को काफी बारीकी से देखा करते। उनके पिता डॉ. एडवर्ड नई-नई तकनीकें सीखने व उन्हें अपनाने में यकीन रखते थे। उनका मानना था कि यदि आप समाज से जुड़े रहना चाहते हैं तो अपने आप को नई विकसित होनेवाली प्रौद्योगिकी से जुड़ा रहना भी आवश्यक है।

डॉ. एडवर्ड ने वर्ष 1981 में अपना पहला कंप्यूटर खरीदा। यह अटारी-800 मॉडल था, जिसमें उन्होंने इंटरनेट की सुविधा भी अपडेट करवाई थी। हालाँकि उस समय इंटरनेट की स्पीड काफी कम होती थी और यह महँगा भी हुआ करता था; किंतु एडवर्ड ने इसकी परवाह नहीं की।

मार्क को वर्ष 1995 में डॉब्स फेरी के नजदीक ऑर्डस्ले नामक स्थान में आर्डस्ले मिडिल स्कूल में शिक्षा के लिए भेजा गया। यह स्थान ग्रीनबर्ग सिटी का एक हिस्सा है और डॉब्स फेरी से लगभग 2 कि.मी. की दूरी पर स्थित है। उस समय नन्हा मार्क पाँचवीं कक्षा का छात्र था। पढ़ाई के साथ-साथ कंप्यूटर का ज्ञान भी उसके जीवन का एक महत्त्वपूर्ण अंग बन चुका था। मार्क ने वहाँ तीन वर्षों तक शिक्षा ग्रहण की और आठवीं कक्षा में उत्तीर्ण होते ही उन्हें वर्ष 1999 में आर्डस्ले हाई स्कूल में दाखिल कराया गया। उनके पिता उन्हें पढ़ाई के मामले में एक ऐसा माहौल देना चाहते थे, जो उच्च स्थान रखता हो। यहाँ एक वर्ष में ही मार्क का

कंप्यूटर ज्ञान इतनी तेजी से विकसित हुआ कि उनके लिए डॉब्स फेरी के मर्सी कॉलेज से स्नातक स्तर की कंप्यूटर शिक्षा के लिए प्रस्ताव आ गया।

फिलिप्स एक्सेटर एकेडमी उच्च शिक्षा के क्षेत्र में एक जाना-पहचाना नाम था, जो अपनी खूबसूरत बहुमंजिला इमारत 127 भवनों की शृंखला तथा विशाल विद्यालय परिसर के लिए प्रसिद्ध था। यह निजी विश्वविद्यालय एक्सेटर नदी के किनारे स्थित है, जो देखने में अपने आप में एक छोटे शहर जैसा प्रतीत होता है। मार्क के पिता को उनकी उच्च शिक्षा के लिए यह निजी विश्वविद्यालय अच्छा लगा और दसवीं कक्षा पास करते ही मार्क को यहाँ दाखिल करवा दिया। यहाँ भौतिकी, गणित व एस्ट्रोनॉमी जैसे विषयों के साथ मार्क ने कई अन्य विषयों, जैसे—इतिहास, साहित्य, भाषा, कला, पुरातत्त्व आदि में भी प्रथम स्थान प्राप्त किया। उन्होंने क्लासिकल स्टडीज और साइंस, एस्ट्रोनॉमी और भौतिकी में कई इनाम जीते। यही नहीं, शिक्षा के साथ-साथ वे अन्य प्रतिस्पर्धाओं में भी गहरी रुचि दिखाते। तलवारबाजी उनका प्रिय खेल था, जिसके वे कप्तान भी थे। अपनी भाषा के अलावा उन्हें फ्रेंच, लैटिन, ग्रीक व हिब्रू भाषा का अच्छा ज्ञान हो गया था।

"हमारा लक्ष्य केवल एक प्लेटफॉर्म बनाना नहीं, बल्कि इससे उन सभी को पार करना है, जो इससे जुड़े हुए हैं।"

□

मार्क का कंप्यूटर-प्रेम

प्राथमिक शिक्षा के साथ-साथ कंप्यूटर शिक्षा ने मार्क को और भी तेज-तर्रार बना दिया। बचपन से ही उनकी रुचि कंप्यूटर और उससे जुड़ी चीजों में थी। शुरू में उनके पिता ही उन्हें कंप्यूटर के बेसिक प्रोग्राम के बारे में पढ़ाते थे। हालाँकि मार्क जुकरबर्ग ने स्कूल में पढ़ाई के दौरान ही प्रोग्रामिंग शुरू कर दी थी। उनकी योग्यता दिन-प्रतिदिन बढ़ती गई और कंप्यूटर के प्रति उनकी लगन भी गहरी होती गई।

डॉ. एडवर्ड ने अपने दंत चिकित्सालय में मरीजों के लिए ऑन-लाइन बैंकिंग सुविधा के माध्यम से भुगतान का प्रबंध किया। वर्ष 1985 में 'दंत चिकित्सालय प्रबंधन सॉफ्टवेयर' आया तो उन्होंने उसे भी अपने चिकित्सालय में लगवाया तथा अपने कार्य को और भी आसान कर लिया। मार्क उन सब तकनीकों को बड़े ध्यान से देखते और कंप्यूटर पर भी इंटरनेट से जुड़ी गतिविधियों को जानने की कोशिश करते। देखते-ही-देखते वे कंप्यूटर के अलावा प्रिंटर, स्कैनर आदि उपकरणों से भी इस प्रकार घुल-मिल गए जैसे वे बने ही उनके लिए हों। यहीं से मार्क के जीवन ने एक नया मोड़ लिया। वे जितना कंप्यूटर से दो-चार होते जाते, उतना ही उनके अंदर उसे और अधिक जानने की जिज्ञासा बढ़ती जाती।

जल्द ही मार्क के पिता ने महसूस किया कि वे स्वयं जो बनना चाहते थे, उनका बेटा अब उसी राह पर चल रहा है। उन्होंने मन-ही-मन यह ठान लिया कि चाहे कुछ भी हो, वे मार्क के भविष्य के लिए किसी भी तरह का समझौता नहीं करेंगे और मार्क को उसका मनपसंद कार्य करने में पूरी तरह से अपना सहयोग देंगे। उन्होंने मात्र दस वर्ष की उम्र में ही मार्क को एक पर्सनल कंप्यूटर लाकर दिया। वह Quantex-486DX मॉडल था, जो इंटेल माइक्रोचिप पर आधारित था। उनके पिता ने उन्हें बेसिक प्रोग्राम 'अटारी' सिखाया। यह ऑर्केड कंप्यूटर गेम्स, वीडियो गेम कंसोल व घरेलू कंप्यूटर खेलने के लिए प्रयोग किया जाता था।

उन्होंने C++ For Dummies नाम की पुस्तक भी खरीदकर मार्क को दी। यह पुस्तक कंप्यूटर कार्यक्रम की भाषा C++ सिखाने के बारे में थी। मार्क को इस पुस्तक से काफी सहायता मिली और बहुत कुछ सीखने को मिला। इसी पुस्तक की सहायता से मार्क ने स्वयं ही अनेक कंप्यूटर प्रोग्राम बना डाले। बेटे की बढ़ती प्रतिभा और कंप्यूटर के प्रति लगन को देखते हुए उनके पिता ने शीघ्र ही एक स्थानीय सॉफ्टवेयर विकासकर्ता डेविड न्यूमैन को मार्क के निजी ट्यूटर के रूप में नियुक्त कर लिया। न्यूमैन जैसा ट्यूटर भी यह देखकर हैरान था कि मार्क जैसे इतनी छोटी उम्र के बच्चे में इतना कुछ जानने व सीखने की ललक थी, जो उसने आज तक किसी बच्चे में नहीं देखी थी। वे अब तक बड़ी उम्र के बच्चों को ही ट्रेनिंग देते आए थे। उन्हें लगता था कि मार्क के साथ उन्हें अधिक मेहनत करनी पड़ेगी; लेकिन मार्क भी किसी से कम न थे। कुछ ही दिनों में न्यूमैन को समझ आ गया कि उन्हें मेहनत तो करनी पड़ेगी, लेकिन मार्क की कम उम्र की वजह से नहीं, बल्कि उनके तेज दिमाग के कारण। यदि उन्होंने स्वयं मेहनत नहीं की तो हो सकता है कि वे मार्क को संतुष्ट न कर पाएँ। मार्क की दूरदर्शिता और सीखने की लगन को देखकर तो कभी-कभी स्वयं का दिमाग भी चकराने लगता। उन्होंने मार्क के पिता से यह भी कह दिया था कि मार्क बड़ा होकर एक दिन दुनिया का सबसे बड़ा हीरो बनेगा और लोगों के दिलों पर राज करेगा। यह सुनकर एडवर्ड के चेहरे पर चमक दुगुनी हो गई और वे मन-ही-मन अपने बेटे के लिए कामना करने लगे। उन्हें अपने बेटे की कार्य-कुशलता और लगन पर पूरा भरोसा था।

उन्होंने सन् 1996 में मात्र 12 वर्ष की उम्र में कुछ ऐसा करिश्मा कर दिखाया, जिसे देखकर लोग आश्चर्यचकित हो गए। उन्होंने अपने पिता के चिकित्सालय के लिए एक ऐसा सॉफ्टवेयर तैयार किया, जो नेटवर्किंग के सिद्धांत पर आधारित था। यह सॉफ्टवेयर एक अंतर कार्यालय संचार प्रोग्राम (Inter Office Communication Programme) की तकनीक पर कार्य करता था। 'जुकनेट' नाम के इस सॉफ्टवेयर द्वारा नेटवर्किंग द्वारा जुड़े हुए कंप्यूटरों पर तुरंत ही संदेश भेजा जा सकता था। भले ही यह प्रोग्राम देखने में एक मामूली सा प्रतीत होता था, किंतु यह एक प्रभावशाली खोज थी। बाद में अमेरिका की सबसे बड़ी इंटरनेट सेवा प्रदान करनेवाली कंपनी ए.ओ.एल. (अमेरिका ऑन लाइन) ने इसी प्रोग्राम से मिलती-जुलती सेवा ए.ओ.एल. इंस्टेंट मेसेंजर (AOL Instant Messanger) की शुरुआत की। अपनी इस खोज से प्रेरित होकर मार्क का कंप्यूटर ज्ञान और भी बढ़ता चला गया और नौवीं कक्षा तक आते-आते वे अपने साथ के छात्रों से काफी

आगे निकल चुके थे। 13 वर्ष की उम्र तक आते-आते उन्होंने ईश्वर के होने की संभावना से भी इनकार कर दिया और अपने आपको पूर्ण रूप से नास्तिक बना दिया। उनका कहना था—"मैं नहीं मानता कि ईश्वर नाम की कोई शक्ति धरती से बहुत दूर बैठकर संपूर्ण विश्व का नियंत्रण कर रही है। केवल धरती पर रहकर ही इस धरती पर रह रहे लोगों को नियंत्रित किया जा सकता है।"

जिस समय वे हाई स्कूल में थे, उन्होंने 'सिनेप्स मीडिया प्लेयर' नाम से म्यूजिक प्लेयर बनाया, जो यूजर की पसंद के गानों को स्टोर कर लेता था। यह मात्र एक चमत्कार नहीं था, बल्कि एक स्वतंत्र परियोजना कार्य का हिस्सा था। अपनी बारहवीं कक्षा के अंतिम चरण में कॉलेज द्वारा दिए गए एक स्वतंत्र प्रोजेक्ट के रूप में वे कुछ ऐसा प्रोजेक्ट बनाकर दिखाना चाहते थे, जो सबसे अलग हो। अपने इस प्रोजेक्ट कार्य के लिए उन्होंने अपने एक मित्र को भी शामिल किया, जिसका नाम एडम डी. एंजेलो था। वह ऑनलाइन एम.पी-3 संगीत वादन सॉफ्टवेयर में कंप्यूटर विज्ञान की उच्च तकनीक व आर्टिफिशियल इंटेलिजेंस के प्रयोग से बनाया गया था। उन्होंने उस सॉफ्टवेयर की गुणवत्ता जाँचने के लिए उसे एक वेबसाइट को भेज दिया। एक वर्ष के भीतर उसकी रिपोर्ट भी सामने आ गई, जिसने उसके प्रयोग को भी अनुमति दे दी।

अमेरिका की एक इंटरनेट सेवा प्रदान करनेवाली कंपनी व माइक्रोसॉफ्ट ने इसे प्रयोग करने की रुचि दिखाई और इसके लिए 9.5 लाख डॉलर की पेशकश की। यही नहीं, इन दोनों कंपनियों ने मार्क व एंजेलो को नौकरी का प्रस्ताव भी दिया; लेकिन शर्त यह थी कि उन्हें कंपनी के साथ तीन वर्ष का अनुबंध करना होगा। ऐसे में दोनों ने अपनी शिक्षा को प्राथमिक कर्तव्य मानते हुए नौकरी का प्रस्ताव ठुकरा दिया और आगे की पढ़ाई में लग गए। अपने सॉफ्टवेयर के साथ किसी भी प्रकार की छेड़छाड़ होने की स्थिति से बचने के लिए उन्होंने इंटेलिजेंट मीडिया ग्रुप बनाया और उसका पेटेंट दाखिल कर दिया, जिसके लिए उन्होंने मिलकर 12 हजार डॉलर की राशि का भुगतान भी किया।

"कुछ लोग सफल होने के सपने देखते हैं, जबकि दूसरे उन सपनों को पूरा करने के लिए जल्दी उठते हैं।"

□

हार्वर्ड में प्रवेश

हार्वर्ड विश्वविद्यालय विश्व भर में प्रसिद्ध उच्च शिक्षा का वह स्थान है, जहाँ हर छात्र अपने जीवन में कुछ-न-कुछ खास करने की कोशिश करता है और अपने जीवन को आकाश की बुलंदियों की ओर ले जाता है। वह सपने देखता है कि हार्वर्ड से निकलने के पश्चात् उसके पास विश्व के सर्वोत्तम कॉलेजों में से एक कॉलेज का ठप्पा और उज्ज्वल भविष्य होगा, जिसके बल पर वह अपने सपनों को हकीकत में बदल सकता है। यह विश्वविद्यालय प्रतिभाशाली और विशेषाधिकार प्राप्त छात्रों का दुनिया में सबसे बड़ा केंद्र है। इसके बारे में यह बात प्रचलित है कि वहाँ शिक्षा ग्रहण कर रहे छात्र भविष्य में दुनिया पर राज करते हैं।

फिलिप्स एक्सेटर एकेडमी से बारहवीं कक्षा पास करके आगे की शिक्षा के लिए मार्क ने वर्ष 2002 में हार्वर्ड विश्वविद्यालय 'कैंब्रिज, मैसाचुसेट्स' (Harvard University, Cambridge, Massachusetts) में दाखिला लिया। उनके मित्र एंजेलो कैलिफोर्निया स्थित इंस्टीट्यूट ऑफ टेक्नोलॉजी/कैलटेक (Institute of Technology/Caltech) चले गए। हार्वर्ड का जीवन स्कूल के जीवन से कुछ अलग था। हार्वर्ड विश्वविद्यालय बोस्टन में चार्ल्स नदी के किनारे बसा हुआ एक विश्व-प्रसिद्ध शिक्षा का केंद्र है। यह एक निजी शोध विश्वविद्यालय है, जो अमेरिका के आठ विश्वविद्यालयों के समूह 'इवी लीग' (Ivi League) का सबसे पुराना सदस्य माना जाता है। हार्वर्ड की स्थापना वर्ष 1636 में की गई थी। प्रारंभ में इसका नाम 'न्यू कॉलेज' था। 13 मार्च, 1639 को इसका नाम बदलकर 'हार्वर्ड' रख दिया गया। यह नाम 400 पुस्तकें एवं 779 पौंड स्टर्लिंग की राशि दान में देनेवाले एक व्यक्ति 'जॉन हार्वर्ड' के नाम पर रखा गया। वर्ष 1780 में मैसाचुसेट्स के एक संविधान के अंतर्गत इसके नाम के साथ 'विश्वविद्यालय' शब्द जोड़ दिया गया और यह 'हार्वर्ड विश्वविद्यालय' के नाम से जाना जाने लगा। यह विश्वविद्यालय

ग्यारह अलग-अलग शैक्षिक इकाइयों, दस संकायों तथा रैडक्लिफ इंस्टीट्यूट फॉर एडवांस स्टडीज (Radcliffe Institute for Advance Studies) में विभाजित है। यह 5,083 एकड़ की विशाल भूमि पर निर्मित है। इसके मुख्य परिसर कैंब्रिज में 'हार्वर्ड यार्ड' स्थित है। यह हार्वर्ड विश्वविद्यालय का सबसे पुराना हिस्सा है। इसके केंद्र में एक विशाल घास का मैदान है, जो विडनर लाइब्रेरी, मेमोरियल चर्च, सेवेर हॉल तथा विश्वविद्यालय हॉल से घिरा हुआ है। यहाँ की विडनर लाइब्रेरी का पूरा नाम 'एल्किंस विडनर मेमोरियल लाइब्रेरी' है। यह विश्व की सबसे पुरानी और सबसे बड़ी शैक्षिक पुस्तकालय प्रणाली 'हार्वर्ड यूनिवर्सिटी लाइब्रेरी' का मुख्य केंद्र है। इस प्रणाली से हार्वर्ड की 73 लाइब्रेरियाँ जुड़ी हुई हैं। इनमें कुल मिलाकर 1.80 करोड़ पुस्तकों का संग्रह है।

हार्वर्ड यार्ड के ठीक सामने एक बड़ा-सा त्रिकोणीय क्षेत्र है, जो मैसाचुसेट्स एवेन्यू, जॉन एफ. कैनेडी स्ट्रीट तथा ब्राटल स्ट्रीट के होने से बनता है। इसे 'हार्वर्ड स्क्वायर' के नाम से जाना जाता है। कैंब्रिज के सामने चार्ल्स नदी के पार 'आलस्टोन' नामक स्थान पर हार्वर्ड का दूसरा परिसर स्थित है। इसमें हार्वर्ड बिजनेस स्कूल (Harvard Business School) स्टेडियम तथा खेलकूद की सारी सुविधाएँ मौजूद हैं। डाउनटाउन बोस्टन के दक्षिण-पश्चिम इलाके में हार्वर्ड विश्वविद्यालय का तीसरा परिसर स्थित है। इसे 'लांगवुड चिकित्सा व शैक्षणिक क्षेत्र' के नाम से जाना जाता है। इस परिसर में हार्वर्ड स्कूल ऑफ डेंटल मेडिसिन (Harvard School of Dental Medicine) तथा हार्वर्ड स्कूल ऑफ पब्लिक हेल्थ (Harvard School of Public Health) स्थित हैं।

हार्वर्ड में प्रथम वर्ष के दौरान मार्क कंप्यूटर निर्माण के अद्वितीय व्यक्ति के रूप में जाने जाते थे। वे अजनबियों के बीच बिल्कुल अलग से दिखाई देते थे। उनके घुँघराले बाल, दुबला-पतला शरीर तथा शांत स्वभाव ही उनके व्यक्तित्व की सबसे बड़ी पहचान थी। मार्क को अधिक बोलनेवाले लोग पसंद नहीं थे। वे अधिकतर ढीली-ढाली पैंट और टी-शर्ट पहने दिखाई देते थे। पैरों में भी जूतों की बजाय चप्पल पहनना ही पसंद करते थे। उनकी भोली-भाली सूरत व चेहरे की मुसकान किसी भी लड़की को उनकी ओर आकर्षित कर लेती थी। लड़कियाँ भी उनकी लुभावनी शैली, हँसी-मजाक और आत्मविश्वास को पसंद करती थीं। अपनी इसी अंतर्मुखी प्रतिभा के कारण वे पूरे विश्वविद्यालय में प्रसिद्ध हो गए थे।

यहाँ उनके पाठ्यक्रम का मुख्य विषय कंप्यूटर विज्ञान था। पहले वर्ष के दौरान ही उनके सहपाठी उनकी बुद्धि का लोहा मानने लगे और उन्हें 'कंप्यूटर

कार्यक्रम निर्माता' के नाम से जानने लगे। दूसरे वर्ष में मार्क को चार्ल्स नदी के तट पर स्थित 'किर्कलैंड हाउस' (Kirkland House) छात्रावास में स्थान मिला। मार्क को तीसरी मंजिल पर दो कमरों का एक सुइट मिला, जिसका नंबर एच-33 था। यहाँ मार्क को किसी अन्य सहपाठी के साथ कमरा शेयर करना था। उस सहपाठी का चुनाव भी एक लॉटरी द्वारा किया जाता था। मार्क के साथ क्रिस ह्यूजेस (जो आगे चलकर फेसबुक के सह-संस्थापक बने) को कमरा शेयर करना था और दूसरे कमरे में दो अन्य छात्र डस्टिन मॉस्कोवित्ज (जो आगे चलकर फेसबुक के सह-संस्थापक बने) तथा बिली ओल्सन को स्थान मिला। यह वह पहला क्षण था, जब चिर-परिचित 'फेसबुक' के संस्थापक व सहयोगी पहली बार एक-दूसरे से मिले। आगे चलकर मार्क ने क्रिस ह्यूजेस तथा डस्टिन मॉस्कोवित्ज के सहयोग से ही फेसबुक का निर्माण किया।

''मैं गूगल की ओर देखता हूँ तो सोचता हूँ कि उनके यहाँ एक मजबूत शैक्षिक संस्कृति है और हर जटिल समस्या का समाधान है।''

□

मार्क की जिज्ञासा

मार्क सोशल नेटवर्किंग जैसी साइटों के बारे में जानते तो अवश्य थे, किंतु उनके मस्तिष्क में कुछ नया करने की चाह थी। वे समाज के लोगों को आपस में जोड़ना चाहते थे। उन्होंने अपने मित्रों से मिलकर अपने मन में चल रही जिज्ञासा से उन्हें अवगत कराया और सभी ने मिलकर इस विषय पर काम करना आरंभ कर दिया। उन्होंने एक ऐसी साइट का निर्माण किया, जो वर्तमान की फेसबुक से मिलती-जुलती थी। मार्क ने उसका कोड लिखा और लोगों को बताया कि वे 'द फेसबुक' नामक एक सोशल नेटवर्किंग साइट की शुरुआत करने जा रहे हैं, जो 'फेसमैश' का स्थान लेगी। 'द फेसबुक' एक नए अंदाज में और कई नए कलेवर एवं फंक्शनों के साथ प्रस्तुत की गई। लोगों ने 'द फेसबुक' को काफी पसंद किया।

अब मार्क के दिगाम में यह बात बैठ गई कि बड़ी संख्या में लोगों को जोड़ने के लिए उन्हें एक बड़ी कंपनी का निर्माण करना होगा और इसके लिए हार्वर्ड कनेक्शन से काम नहीं चलेगा। अतः उन्होंने अपनी योजना अपने मित्रों को बताई। शुरू में तो उनके मित्रों को उनकी योजना बिल्कुल भी समझ नहीं आई। काफी दिनों तक मार्क और उनके मित्रों के बीच इस बारे में बातचीत चलती रही और मार्क बहुत ही गंभीरता से उन्हें अपनी बात समझाने की कोशिश करते। उन्होंने अपने रूममेट डस्टिन मॉस्कोवित्ज से विशेष तौर पर इसका जिक्र किया। धीरे-धीरे मार्क की मेहनत रंग लाई और सभी मित्रों के दिमाग में उनकी योजना पूरी तरह से स्पष्ट हो गई कि वे क्या चाहते हैं। लेकिन सभी को इस बात की चिंता थी कि आखिर इतने बड़े कार्य को कैसे अंजाम दिया जाएगा और इतनी बड़ी मात्रा में सूचनाओं को किस प्रकार अपडेट रखा जाएगा। लेकिन मार्क उन व्यक्तियों में से नहीं थे, जो ऐसी छोटी-छोटी बातों से घबरा जाएँ और हाथ पर

हाथ रखकर बैठ जाएँ। अतः अपनी पक्की जिद और दृढ़ निश्चयवाले स्वभाव के फलस्वरूप वे अपने कार्य में जुट गए।

"मैं कुछ ऐसा कर रहा हूँ, जिससे हम लंबे समय तक संबंध बना सकें, न कि कुछ ऐसा, जिससे उन संबंधों में दरार पड़े।"

□

क्रिस ह्यूजेस
('द फेसबुक' के सह-संस्थापक)

क्रिस का जन्म 26 नवंबर, 1983 को नॉर्थ कैरोलिना में हिकॉरी नाम स्थान में हुआ था। उनका बचपन व प्रारंभिक शिक्षा कैरोलिना में ही हुई। उनके पिता अर्लन रे ह्यूजेस एक अखबार विक्रेता थे और माता ब्रैंडा ह्यूजेस एक पब्लिक स्कूल में शिक्षिका थीं। क्रिस के माता–पिता विख्यात धर्मशास्त्री मार्टिन लूथर के अनुयायी थे, अत: क्रिस भी लूथरवादी परंपराओं के बीच रहकर बड़े हुए। उन्होंने तय कर लिया था कि वह अपनी शिक्षा द्वारा अपने परिवार की रूढ़िवादी परंपराओं को त्याग देंगे और कुछ अलग करके दिखाएँगे।

उन्होंने अपने माता–पिता की अनुमति के बिना फिलिप्स एकेडमी में दाखिला लिया और वहाँ शिक्षा ग्रहण की। फिलिप्स एकेडमी अमेरिका के सबसे पुराने तथा महँगे वरिष्ठ माध्यमिक आवासीय स्कूलों में एक है। हालाँकि क्रिस जैसे मध्यम वर्ग के परिवार से संबंध रखनेवाले व्यक्तियों के लिए इसका खर्च वहन करना मुश्किल था, लेकिन क्रिस ने इस संस्था की छात्रवृत्ति योजना का सहारा लिया और नौवीं से लेकर बारहवीं कक्षा तक यहीं शिक्षा ग्रहण की। उन्होंने न केवल अपने परिवार में वर्षों से चली आ रही रूढ़िवादी परंपराओं का बहिष्कार किया, बल्कि नए जमाने की सोच से अपने आपको एक नए रूप में समाज के सामने उपस्थित किया।

मार्क जुकरबर्ग से उनकी मुलाकात हार्वर्ड विश्वविद्यालय में हुई। क्रिस और मार्क हार्वर्ड के एक ही कमरे में रहते थे। उसने हार्वर्ड विश्वविद्यालय से वर्ष 2006 में स्नातक की परीक्षा उत्तीर्ण की। वे भी डस्टिन मॉस्कोवित्ज की तरह फेसबुक के सह–संस्थापक के रूप में जाने जाते हैं। वे फेसबुक के

शुरुआती दौर से ही मार्क के साथ रहे और फेसबुक के शुभारंभ होने के दो वर्ष तक निरंतर उसमें सुधार पर सुधार करते रहे। वे फेसबुक की बीटा टेस्टिंग तथा अन्य सुझावों को भी कार्यान्वित करते। यह क्रिस का ही सुझाव था कि फेसबुक को हार्वर्ड से निकालकर अन्य स्कूलों के लिए भी खोल दिया जाए। आज उन्हीं के प्रयासों के फलस्वरूप विश्व का प्रत्येक इंटरनेट यूजर फेसबुक से जुड़ना चाहता है और जुड़ रहा है।

वर्ष 2004 में क्रिस अपने मित्र मार्क और मॉस्कोवित्ज के साथ गरमी की छुट्टियाँ बिताने पॉलो अल्टो चले गए। फेसबुक के चल निकलने के कारण मार्क और मॉस्कोवित्ज ने हार्वर्ड वापस नहीं जाने का निर्णय लिया। किंतु क्रिस वहाँ से वापस हार्वर्ड आ गए और वहाँ रहकर अपनी पढ़ाई पूरी की। उन्होंने वर्ष 2006 में इतिहास और साहित्य में बी.ए. की पढ़ाई पूरी की और अपने मित्रों के पास पॉलो अल्टो चले गए। वहाँ जाकर क्रिस पुनः फेसबुक के काम में लग गए।

क्रिस ह्यूजेस फेसबुक के साथ-साथ अन्य कई गतिविधियों में भी शामिल रहे। उन्होंने वर्ष 2007 में फेसबुक छोड़ दिया और अमेरिका के राष्ट्रपति बराक ओबामा के अभियान में शामिल हो गए। वे एक ऑनलाइन मैगजीन 'My Barack Obama.com' से जुड़ गए, जो कि बराक ओबामा के वर्ष 2008 के राष्ट्रपति अभियान के लिए एक सोशल नेटवर्किंग वेबसाइट थी। मार्च 2009 में वे एक उद्यमी की श्रेणी में आ गए। इसके कुछ ही समय पश्चात् वर्ष 2010 में उन्होंने एक लाभ-रहित सोशल नेटवर्क संगठन 'जुमो' (Jumo) की स्थापना की। इस संस्था का मुख्य उद्देश्य लोगों को वे तरीके बताना है, जिनके द्वारा वे दूसरों की मदद कर सकते हैं। जुलाई 2010 में 'यूनेड' (UNAIDS — Joint United Nations Programme on HIV/AIDS) ने उन्हें 17 सदस्यों की एक समिति का संचालक बनाया, जिसमें सुप्रसिद्ध व्यापारी, नेतागण, मानवाधिकार रक्षक व कई वैज्ञानिक भी शमिल थे। इस समिति का मुख्य उद्देश्य आनेवाले वर्ष के लिए एच.आई.वी. की रोकथाम के अभियानों का संचालन करना था। उन्हें वर्ष 2011 में बिल्डरबर्ग ग्रुप द्वारा सेंट मॉरिट्ज, स्विट्जरलैंड में स्विस 2011 बिल्डरबर्ग कॉन्फ्रेंस 2011 (Swiss 2011 Bilderberg Conference) में शामिल होने के लिए बुलाया गया।

क्रिस ह्यूजेस ने सीन एल्ड्रिज नामक महिला से विवाह किया है, जो 'फ्रीडम टू मैरी' (Freedom to Marry) की पॉलिटिकल डायरेक्टर हैं। क्रिस व एल्ड्रिज ने जनवरी 2011 में अपनी सगाई का ऐलान किया था। सगाई के अगले वर्ष

30 जून, 2012 को वे विवाह के बंधन में बँध गए। वे इस समय अमेरिका की एक मैगजीन 'द न्यू रिपब्लिक' (The New Republic) के प्रधान संपादक हैं।

"मेरे पास सुबह जल्दी उठने के लिए कोई अलार्म क्लॉक नहीं है। मुझे जब कभी सुबह जल्दी उठना होता है, मेरा क्लैक बेरी मेरे साथ होता है।"

□

डस्टिन मॉस्कोवित्ज
('द फेसबुक' के सह-संस्थापक)

डस्टिन मॉस्कोवित्ज भी क्रिस ह्यूजेस की तरह फेसबुक के सह-संस्थापक माने जाते हैं। मार्क जुकरबर्ग और क्रिस से उनकी मुलाकात हार्वर्ड के दौरान हुई और तीनों ने मिलकर फेसबुक का निर्माण कार्य किया।

उनका जन्म 22 मई, 1984 को फ्लोरिडा में गेंसविल्ले नामक स्थान में हुआ था। उनके पिता एक मनोवैज्ञानिक थे। वे मार्क जुकरबर्ग से आठ दिन छोटे हैं और उनकी शिक्षा बैनगॉर्ड हाई स्कूल में हुई थी। वह आई.बी. डिप्लोमा प्रोग्राम में ग्रेजुएट हुए। यह उच्च शिक्षा में प्रवेश के लिए अंतरराष्ट्रीय स्तर पर मान्यता प्रदान करता है। मॉस्कोवित्ज अर्थशास्त्र की पढ़ाई के लिए हार्वर्ड चले गए, जहाँ उनकी मुलाकात मार्क जुकरबर्ग व क्रिस ह्यूजेस से हुई। वहाँ कैरी ट्यूना नामक लड़की से भी उनकी मुलाकात हुई, जो पहले तो काफी समय तक उनकी प्रेमिका रही और फिर उनकी पत्नी बन गई। मार्क की आदत थी कि वे बेकार वस्तुओं को कूड़ेदान में फेंकने की बजाय अपनी मेज के नीचे रख दिया करता था। कैरी जब भी उनसे मिलने आती तो उनके बिखरे हुए कमरे को देखती और जितना हो सकता, उसे सँभाल देती।

मॉस्कोवित्ज का कंप्यूटर ज्ञान कुछ कम था। इसका कारण था कि उन्होंने कंप्यूटर कार्यक्रम निर्माण से संबंधित कोई प्रशिक्षण नहीं लिया था। वे मार्क से लगातार इंटरनेट के बारे में कुछ-न-कुछ पूछते रहते। उनके साथ कमरे में रहनेवाले दूसरे सहपाठी बिली ओल्सन भी इसका हिस्सा बन जाते; लेकिन अपने दो वर्ष पूरे किए बिना ही उन्होंने हार्वर्ड छोड़ दिया और मार्क के साथ पॉलो अल्टो चले गए।

उन्होंने 3 अक्तूबर, 2008 को फेसबुक को अलविदा कह दिया और जस्टिन

रोसेंस्टीन की सहायता से 'आसन' नामक सॉफ्टवेयर की स्थापना की, जो बिना इ-मेल की सहायता से लोगों को जोड़ता है। उन्होंने अपनी प्रेमिका कैरी ट्यूना से वर्ष 2011 में विवाह कर लिया और उसकी सहायता से गुड वेंचर्स (Good Ventures) के सह-संस्थापक बने। मार्क जुकरबर्ग के जीवन पर बनी फिल्म 'द सोशल नेटवर्क' पर टिप्पणी करते हुए मॉस्कोवित्ज कहते हैं—

"असल जिंदगी में इतना सब नहीं हुआ था, जितना कि इस फिल्म में दिखाया गया है।"

मार्च 2011 में 'फोर्ब्स' मैगजीन ने फेसबुक में 2.34 प्रतिशत का हिस्सेदार होने के कारण, उन्हें अपने आप बने सबसे कम उम्र के अरबपति होने का खिताब दिया।

"कंप्यूटर के मुकाबले मोबाइल फोन पर फेसबुक के अधिक सक्रिय यूजर्स हैं। उनकी सप्ताह के छह या सातों दिन फेसबुक से जुड़े होने की संभावना होती है।"

□

द फेसबुक

हार्वर्ड में मार्क के दिमाग में हमेशा कुछ-न-कुछ चलता रहता था। उनके दिमाग में यह बात तो पक्के तौर पर बैठ गई थी कि कोई तो ऐसी तकनीक अवश्य होनी चाहिए, जिससे लोगों को आपस में जोड़ा जा सके। लेकिन ऐसी क्या तकनीक हो सकती है, यह वे नहीं जानते थे; लेकिन जानना चाहते थे। अभी तक वे कई छोटे सॉफ्टवेयर जैसे जकनेट, कोर्समैच आदि बना चुके थे; लेकिन आधुनिक फेसबुक जैसे किसी सॉफ्टवेयर का निर्माण करना चाहते थे, जो लोगों को एक-दूसरे से जोड़ सके।

उन्होंने अपने कमरे में अपने सभी मित्रों की तसवीरों की एक एलबम रखी हुई थी। वे समय-समय पर उसे देखते और फिर अपनी सोच को उसी दिशा में ले जाते। वे जब भी उस एलबम को देखते तो सोचते कि शिक्षा पूरी हो जाने के बाद सभी एक-दूसरे से जुदा हो जाएँगे। इनसे कैसे संपर्क हो सकेगा? कभी-कभी तो वे इसी चिंता में डूबकर भावुक भी हो जाते। उन्होंने सारी तसवीरें अपने कंप्यूटर में डाल दीं और उन्हें यहाँ-वहाँ डालकर अपना दिमाग चलाया करते। उनकी इसी जिज्ञासु प्रवृत्ति को लेकर कभी-कभी सारे मित्रों में बहस भी हो जाती। मॉस्कोवित्ज का साथी बिली ओल्सन भी आगे चलकर उनकी इसी बहस का एक हिस्सा बनता गया और मार्क जब भी कभी किसी नए कंप्यूटर कार्यक्रम की परियोजना शुरू करते तो सबके सुझावों के साथ-साथ वह भी अपना सुझाव देता। अब किर्कलैंड का सुइट एच-33 भविष्य में बननेवाले अरबपतियों की कल्पनाओं का वह समंदर बन गया था, जिसमें वे सब खुलकर तैरने वाले थे।

भविष्य को कौन जानता था? फिलहाल मार्क और उसके मित्रों की ऐसी कोई इच्छा नहीं थी। वे तो केवल अपने विचारों को साकार रूप देने की सोचते थे और उन्हें कभी-कभी तो अपने इन विचारों पर बहस करने में भी आनंद आता

था। उन्हें पता नहीं था कि बहुत जल्द उनके अनौपचारिक विचारों से 'फेसबुक' नाम का कोई ऐसा विकल्प निकल आएगा, जो पूरी दुनिया ही बदलकर रख देगा।

कोर्समैश की सफलता से उत्साहित होकर मार्क ने इससे भी बढ़कर कुछ कर दिखाने की सोची। इस तकनीक ने उन्हें एक निश्चित दिशा की ओर इशारा किया। अपने पाठ्यक्रम तथा हार्वर्ड कनेक्शन के विचारों के बीच उनके दिमाग में अगली परियोजना एक निश्चित रूप लेती जा रही थी और शीघ्र ही उन्होंने 'द फेसबुक' की स्थापना की। हालाँकि उन्होंने इस वेबसाइट के विचार अपनी पहली वेबसाइटों फेसमैश, कोर्समैश तथा उस समय प्रसिद्ध एक अन्य सोशल नेटवर्किंग साइट 'फ्रैंडस्टर' से ही लिये थे। वे स्वयं भी 'फ्रैंडस्टर' के यूजर थे। उन्होंने 20 दिसंबर, 2003 से 2 जनवरी, 2004 के दौरान अपनी इस नई वेबसाइट की कोडिंग का कार्य पूरा किया और 11 जनवरी, 2004 को 'द फेसबुक डॉट कॉम' के नाम से अपनी वेबसाइट का ऑनलाइन पंजीकरण करवा दिया। हार्वर्ड के छात्रों के लिए शुरू की जानेवाली यह वेबसाइट फ्रैंडस्टर की तरह नहीं थी, बल्कि यह तो सहपाठियों तथा उनसे जुड़ी घटनाओं पर नजर रखनेवाली एक वेबसाइट थी।

मार्क ने यह भी निर्णय लिया कि वह 'द फेसबुक' पर अपनी तरफ से कोई भी सामग्री नहीं डालेंगे, क्योंकि इससे वेबसाइट पर डाली जानेवाली सूचनाओं के स्वत्वाधिकार से जुड़े कानूनी पहलू सबसे महत्त्वपूर्ण थे, जिन्हें वे किसी भी हालत में नहीं झेलना चाहते थे। अत: उन्होंने यह निर्णय यूजर्स पर ही छोड़ दिया कि वे जिस प्रकार की सामग्री चाहें, फेसबुक पर डाल सकते हैं और उसके जिम्मेदार भी वे स्वयं ही होंगे। उन्होंने ऑनलाइन त्वरित-संवाद सेवा की प्रेरणा ए.आई.एम. से ली। वे वैसे भी इस तकनीक से काफी प्रभावित थे। हालाँकि उसमें लिखने का स्थान काफी कम होता था, लेकिन फिर भी यूजर्स अपनी सूचनाओं का आदान-प्रदान आसानी से कर सकते थे। वैसे भी, वे कई वर्ष पहले अपने पिता के चिकित्सालय के लिए जुकनेट की रचना कर चुके थे। अत: इसी प्रकार की तकनीक से मिलता-जुलता असर लोगों को आजकल फेसबुक पर देखने को मिलता है, जिसका इस्तेमाल स्टेटस अपडेट करने के लिए किया जाता है।

मार्क के सामने एक तथ्य यह भी आया कि वे जो कुछ कर रहे हैं, उसका नतीजा कुछ गलत भी हो सकता है। अत: उन्होंने अपने एक अन्य सहपाठी एडुअर्डो सवेरिन को भी अपनी परियोजना में शामिल कर लिया। एडुअर्डो ब्राजील के एक धनी परिवार से संबंध रखता था। उसके पिता एक सफल उद्योगपति थे। एडुअर्डो व्यापार की समझ रखता था और व्यापारिक मामलों को सँभालने के लिए मार्क ने

उसे एक-तिहाई हिस्सा देने का प्रस्ताव भी दिया। दोनों ने मिलकर एक-एक हजार डॉलर खर्च करके इसका शुभारंभ करने का निर्णय लिया। 4 फरवरी, 2004 का वह ऐतिहासिक दिन आ पहुँचा, जब मार्क ने अपने लैपटॉप से 'द फेसबुक डॉट कॉम' को लाइव कर दिया। इस वेबसाइट पर पहले तीन अकाउंट को परीक्षणों के लिए खाली छोड़ दिया। मार्क जुकरबर्ग ने स्वयं अपने नाम के आगे यूजर नंबर-4 की चिट लगाई थी। पाँचवें नंबर पर क्रिस ह्यूजेस, छठे नंबर पर डस्टिन मॉस्कोवित्ज तथा एडुअर्डो को सातवाँ नंबर मिला था। मार्क के ही एक मित्र एंड्र्यू मैककोलम ने इस वेबसाइट का प्रतीक चिह्न तैयार किया था। इस वेबसाइट के मुख्य स्क्रीन पर लिखा था—

''द फेसबुक डॉट कॉम एक ऑनलाइन निर्देशिका है, जो महाविद्यालयों में सोशल नेटवर्किंग के माध्यम से लोगों को जोड़ती है। हमने हार्वर्ड विश्वविद्यालय के लोकप्रिय उपयोग के लिए 'द फेसबुक डॉट कॉम' खोल दिया है। आप इसका उपयोग कर सकते हैं। अपने विद्यालय में लोगों को खोजने के लिए, अपने वर्ग के लोगों का पता लगाने के लिए और अपने मित्रों के मित्रों को देखने के लिए इस वेबसाइट से जुड़ें।''

'द फेसबुक' के लाइव होते ही इस सॉफ्टवेयर का तेजी से प्रसार होने लगा। जिस छात्र को इसकी जानकारी मिलती, वह इसका यूजर बन जाता और अपने मित्रों व सहपाठियों को भी इसमें शामिल होने के लिए आमंत्रित करता या इ-मेल कर देता। मार्क की सोच रंग लाई और उसकी वेबसाइट ने लोगों को आपस में जोड़ने का काम तेजी से करना आरंभ कर दिया। हालाँकि यह वेबसाइट लोगों को विशेष रूप से पसंद नहीं आई, किंतु मार्क इससे आगे निकलना चाहते थे। मार्क के मित्र जानते थे कि उनका मित्र अपनी धुन का पक्का है और वह जो सोचता है, वह कर दिखाता है। जब 4 फरवरी, 2004 को इस साइट को हार्वर्ड के छात्रों के लिए खोल दिया गया तो उनमें सनसनी पैदा हो गई। मार्क ने अपने तीन मित्रों के साथ इस साइट में अपने क्लासमेट्स के फोटो अपलोड किए थे और यूजर्स से पूछा कि इनमें से कौन 'हॉट' हैं? एक माह में ही हार्वर्ड के आधे से अधिक अंडर ग्रेजुएट छात्र इस साइट के यूजर्स बन गए। 'द फेसबुक' के शुरू होने के पाँच दिन बाद हार्वर्ड क्रिमसन ने मार्क जुकरबर्ग का साक्षात्कार प्रकाशित किया। इसमें मार्क द्वारा साफ तौर पर यह बात स्पष्ट की गई थी कि वह फेसमैश की गलतियों से सबक ले रहे हैं और उनके प्रति सावधान भी हैं कि कोई यूजर स्वत्वाधिकार के दायरे में आनेवाली सामग्रियों को वेबसाइट पर न डाले।

मात्र 20 दिनों में ही 'द फेसबुक' के यूजर्स की संख्या 6,000 तक पहुँच गई और मार्क को यह समझते देर नहीं लगी कि अब इस वेबसाइट को अकेले सँभालना उनके बस की बात नहीं। अतः उन्होंने अपने सहपाठियों को इस कार्य में मदद के लिए शामिल किया।

''फेसबुक को मूल रूप से एक कंपनी के रूप में नहीं बनाया गया था। इसे एक सामाजिक मिशन पूरा करने के लिए बनाया गया था, जिसका उद्देश्य लोगों को आपस में जोड़ना था।''

□

'द फेसबुक' पर विवाद

यह प्रकृति का नियम है कि प्रत्येक विषय के दो पहलू होते हैं—पक्ष और विपक्ष। अत: फेसबुक के साथ भी कुछ ऐसा ही हुआ। कुछ छात्रों ने स्कूल प्रबंधन से शिकायत भी की कि यह उनकी निजी जिंदगी में दखलअंदाजी है। न्यूयॉर्क के एक व्यापारी पॉल कैग्लिया ने इस बात को लेकर मुकदमा दायर कर दिया कि मार्क ने अपने सहपाठियों की वेबसाइट का आइडिया चुराया है। कैग्लिया के अनुसार यह बयान दिया गया था कि मार्क को इस वेबसाइट को शुरू करने के लिए कुछ आर्थिक सहायता की जरूरत थी, जिसके लिए मार्क ने उससे रुपयों की माँग की थी। इस मुकदमे के लिए कैग्लिया ने उस इ-मेल, जो कि मार्क ने उसे भेजा था, को हथियार के रूप में इस्तेमाल करते हुए हवाला दिया कि मार्क ने उसमें साफ तौर पर लिखा था कि यदि हमने इस वेबसाइट को चालू नहीं किया तो हम इसे अपने ही कुछ सहपाठियों द्वारा पहले शुरू कर देने के कारण खो देंगे, हालाँकि इस इ-मेल में विंकलोवस ब्रदर्स का नाम नहीं लिया गया।

भारत के दिव्य नरेंद्र और विंकलोवस ब्रदर्स, जो कि हार्वर्ड के ही छात्र थे, ने इस बात पर नाराजगी जाहिर की कि 'द फेसबुक' उनका आइडिया था और मार्क ने उनके इस आइडिया की चोरी की है। चूँकि फेसबुक का आधार हार्वर्ड कनेक्शन की विचारधारा पर था और हार्वर्ड कनेक्शन में मार्क व उसके तीनों मित्र डस्टिन मॉस्कोवित्ज, क्रिस ह्यूजेस, एडुअर्डो सेवरिन एवं एंड्रयू मैककोलम भी शामिल थे। दिव्य हार्वर्ड कनेक्शन प्रोजेक्ट पर काफी आगे तक बढ़ चुके थे। इसके बाद मार्क से उनका एक मौखिक समझौता हुआ, जिसके अंतर्गत मार्क को उस प्रोजेक्ट में शामिल कर लिया गया। दिव्य का आरोप था कि बाद में मार्क ने उस प्रोजेक्ट को चालाकी से हाईजैक कर लिया और 'द फेसबुक' नाम से डोमेन रजिस्टर्ड करा लिया। काफी तकरार के बावजूद जब कोई हल नहीं निकला तो बात हार्वर्ड के मैनेजमेंट तक पहुँच गई। मैनेजमेंट ने बिना कोई हस्तक्षेप किए मामले को अदालत में ले जाने की सलाह दी।

दिव्य नरेंद्र मूल रूप से भारतीय हैं, किंतु अमेरिका में ही पले-बढ़े हैं। उनके माता-पिता डॉक्टर हैं और वे भी अपने पुत्र को एक डॉक्टर ही बनाना चाहते थे; किंतु दिव्य को यह मंजूर नहीं था। उनके अंदर एक उद्यमी बनने की इच्छा थी। कई संघर्षों से जूझने के बाद वे अपने मकसद में कामयाब भी हुए। उनके जीवन में फेसबुक के कारण हुए विवाद को लेकर काफी उथल-पुथल रही। हालाँकि अमेरिका की अदालत ने दिव्य और उनके मित्रों के पक्ष में ही अपना फैसला सुनाया और मार्क को हरजाने के तौर पर 650 लाख डॉलर चुकाने पड़े। किंतु दिव्य इस फैसले से नाखुश थे। वे चाहते थे कि उस समय फेसबुक का जो बाजार मूल्य था, उसके हिसाब से हरजाना दिया जाए।

एक बार दोबारा मुकदमा दायर किया गया और इस बार दिव्य हार गए। लेकिन यह एक सच्चाई है कि जब-जब फेसबुक के जन्म की कहानी लिखी जाएगी और साथ में मार्क का नाम लिया जाएगा, तब-तब दिव्य नरेंद्र का नाम भी उनके साथ जोड़ा जाएगा।

इस विवाद ने चार वर्ष का समय लिया। इतने लंबे समय तक फेसबुक की प्रगति तो चलती रही, किंतु उसमें काफी अड़चनें आईं। तमाम संघर्षों से जूझते हुए वर्ष 2008 में अमेरिकी कोर्ट के फैसले के बाद मार्क ने 650 लाख अमेरिकी डॉलर पर समझौता किया और हरजाने के तौर पर यह राशि चुकाने के पश्चात् इस विवाद को शांत किया।

मार्क के साथ मुकदमेबाजी करते हुए दिव्य दूसरे प्रोजेक्ट्स पर भी काम करते रहे। दो वर्ष तक उन्होंने इन्वेस्टमेंट बैंकर के तौर पर काम किया और इसी दौरान 'सम जीरो' नाम की कंपनी बनाई। आज दिव्य की एक अमेरिकी बिजनेसमैन के तौर पर खास पहचान है। 18 मार्च, 1982 को न्यूयॉर्क में जनमे दिव्य ने हार्वर्ड यूनिवर्सिटी से पढ़ाई की है। उन्होंने बिजनेस के साथ-साथ पढ़ाई भी की। उन्होंने नॉर्थ वेस्टर्न यूनिवर्सिटी स्कूल ऑफ लॉ से कानून और केलॉग स्कूल ऑफ मैनेजमेंट से एम.बी.ए. की पढ़ाई की है। वर्ष 2012 में उन्हें लॉ और एम.बी.ए. की डिग्री मिल गई। आज दिव्य 'सम जीरो' के सी.ई.ओ. हैं। उनकी कंपनी में पूरी दुनिया के चुनिंदा 5,000 से ज्यादा फंड एनालिस्ट काम करते हैं। उनके सपने अभी मरे नहीं हैं। निकट भविष्य में वे बड़ा धमाका करने की योजना रखते हैं।

> ***"लोगों को शेयर करने की शक्ति देकर हम दुनिया को और अधिक पारदर्शी बना रहे हैं।"***

□

'द फेसबुक' की कार्यविधि

इस वेबसाइट का एक हिस्सा बनने के लिए लोगों में होड़-सी लग गई थी। प्रत्येक यूजर को अपनी एक तसवीर और कुछ निजी सूचनाओं के साथ अपना प्रोफाइल तैयार करना होता था। इस वेबसाइट में शामिल होने के लिए कई शर्तें भी लागू की गई थीं। इच्छुक व्यक्ति के पास हार्वर्ड का एड्र इ-मेल होना अनिवार्य था। उसे अपने असली नाम के साथ ही इस वेबसाइट का सदस्य बनना होता था। 'द फेसबुक' में लोगों की पहचान को इस प्रकार सत्यापित किया जाता था, जिससे उस समय चल रही कई अन्य सोशल नेटवर्किंग साइटों—फ्रैंडस्टर, माइस्पेस आदि से इसे अलग पहचान मिल सके।

इससे जुड़नेवाले व्यक्ति अपने विकल्पों को स्वयं ही नियोजित करते थे। वे सुनिश्चित कर सकते थे कि उनके द्वारा अपलोड की गई जानकारी कौन देख सकता है और कौन नहीं। एक बार किसी व्यक्ति द्वारा प्राथमिक रूपरेखा तैयार कर लेने के पश्चात् वह 'द फेसबुक' का यूजर बन जाता और दूसरों से संवाद की प्रक्रिया के लिए तैयार हो जाता। वह अपने अकाउंट द्वारा दूसरे लोगों को मित्र बनाने के लिए आमंत्रित कर सकता था और अपने सोशल नेटवर्क का मानचित्र भी देख सकता था। वही मानचित्र उससे जुड़े सभी यूजर्स भी देख सकते थे। अधिकतर छात्रों ने इस वेबसाइट को अलग-अलग कक्षाओं के लिए कई अध्ययन समूहों के रूप में इस्तेमाल करना शुरू कर दिया, जिससे वे आसानी से एक-दूसरे की विषय सामग्रियों को आपस में शेयर कर सकते थे और अध्ययन संबंधी समस्याओं को भी आसानी से सुलझा सकते थे। जिस समय यह वेबसाइट शुरू की गई, उस समय छात्र अगले सत्र की कक्षाओं का चुनाव करने में मगन थे। उस समय को 'शॉपिंग वीक' के नाम से जाना जाता था। उनकी कक्षाएँ शुरू हो जाने के बाद ही उन्हें अपनी मरजी से किसी कक्षा को जोड़ने या हटाने की छूट मिलती थी। इस सुविधा के माध्यम से

प्रत्येक छात्र यह देख सकता था कि अब तक किस पाठ्यक्रम में कितने लोगों का चुनाव हुआ है। इसी से वे अपनी कक्षाओं का चुनाव भी कर सकते थे।

"मैं व्यापार के एक सरल नियम के बारे में सोचता हूँ कि यदि आप आसान कार्यों को सबसे पहले करते हैं तो आप वास्तव में बहुत तरक्की करते हैं।"

□

'द फेसबुक' का विस्तार

उस समय इस साइट का सारा कार्य हार्वर्ड के एक छोटे से कमरे से संचालित हो रहा था। मार्क के मित्र डस्टिन मॉस्कोवित्ज प्रोग्रामर का कार्य कर रहे थे, एंड्रयू मैककोलम ग्राफिक डिजाइनर थे और एडुअर्डो सेवरिन व्यावसायिक विषयों की देख-रेख कर रहे थे। क्रिस ह्यूजेस और स्वयं मार्क अन्य सारे कार्यों के साथ इस साइट में सुधार कर रहे थे। कई छोटे खर्चों की पूर्ति के लिए विज्ञापन भी एकत्रित किए गए और इस प्रकार मार्क का 'द फेसबुक' चल निकला। यह मार्क की पहले से ही निश्चित की हुई रणनीति थी कि उन्होंने इस वेबसाइट में कहीं भी 'हार्वर्ड' या 'विश्वविद्यालय' शब्द का प्रयोग नहीं किया। उन्होंने पहले से ही यह सोच रखा था कि यदि यह वेबसाइट चल निकली तो वे हार्वर्ड से बाहर निकलकर भी इसका विस्तार करेंगे। अब वह समय आ गया था।

जल्दी ही इसने आस-पास के शहरों में भी अपनी धूम मचा दी और यूजर्स आपस में बतियाने लगे। उन्हें एक-दूसरे से अपने मन की बातें शेयर करने का मौका मिलने लगा और यहाँ तक कि वे अपने फोटो भी शेयर करने लगे। यह उस समय की सबसे बड़ी उपलब्धि थी और इस अनोखी सुविधा ने लोगों को तेजी से उससे जोड़ने का कार्य शुरू कर दिया। मार्क का नाम लोगों की जुबान पर आने लगा और देखते-ही-देखते मार्क लोगों के लिए रॉबिन हुड बन गए।

लेकिन 'द फेसबुक' को मात्र हार्वर्ड में ही नहीं रहना था। मार्क पर आस-पास के लोगों का दबाव पड़ने लगा कि वे इसे दूसरे विश्वविद्यालयों और संस्थानों के लिए भी खोलें, ताकि वे भी इसके सदस्य बन सकें और इसका लाभ उठा सकें। इतने कम समय में शायद ही कोई साइट इतनी लोकप्रिय हुई हो। इसकी बढ़ती हुई लोकप्रियता को देखते हुए और लोगों के लगातार अनुरोध के फलस्वरूप मार्क ने शीघ्र ही इसे अन्य विश्वविद्यालयों से जोड़ने का कार्य तेज कर दिया। यहाँ तक

कि उन्होंने अपनी पढ़ाई को भी दाँव पर लगा दिया और विस्तार के प्रारंभिक चरण में अमेरिका के इवी लीग के सदस्यों सहित कई बड़े शिक्षण संस्थानों—कोलंबिया विश्वविद्यालय, लेलैंड स्टैनफोर्ड जूनियर विश्वविद्यालय, येल विश्वविद्यालय, न्यूयॉर्क विश्वविद्यालय तथा ब्राउन विश्वविद्यालय को भी इस साइट से जोड़ दिया। उन्होंने एक साक्षात्कार के दौरान कहा था कि मैं जानता हूँ कि यह सब बकवास-सा लगता है; किंतु मुझे लोगों के जीवन को सामाजिक रूप से बेहतर बनाना अच्छा लगता है। चूँकि अभी तक हम इसे व्यापार के रूप में नहीं ले रहे थे, अत: इस पर मात्र 85 डॉलर का मासिक खर्च हो रहा था, लेकिन भविष्य में हम अपना लगाया हुआ पैसा वापस पाने के लिए विज्ञापनों का सहारा लेंगे।

तेजी से हो रहे विस्तार के कारण कई विश्वविद्यालयों के समाचार-पत्र मार्क से संपर्क करने लगे। मार्क जानते थे कि जन-संपर्क की ये गतिविधियाँ उनकी वेबसाइट की लोकप्रियता बढ़ाने में काफी सहायता कर सकती हैं। उन्होंने अनुमान लगाया कि इस काम में काफी समय लगेगा और खर्च भी होगा। उन्होंने क्रिस ह्यूजेस को अपना नामांकित व्यक्ति घोषित कर दिया और इस वेबसाइट का आधिकारिक प्रवक्ता भी बना दिया। इस प्रकार कंपनी के संस्थापकों की चौकड़ी पूरी हो गई और पहले महीने के समाप्त होते-होते यूजर्स की संख्या 10,000 से भी ऊपर चली गई। मार्क ने इस एक महीने में यह समझ लिया कि 'द फेसबुक' अन्य वेबसाइटों के मुकाबले सबसे संभावनाशील है और भविष्य में आसमान की बुलंदियों को छूने की क्षमता रखती है।

इतनी बढ़ती हुई लोकप्रियता के चलते अन्य विश्वविद्यालयों के छात्रों का उतावलापन बढ़ता गया। मार्क व उनकी टीम को यह उतावलापन परेशान कर रहा था। एक तो उनकी वेबसाइट का काम और ऊपर से उनके पाठ्यक्रम का बोझ, ऐसे में वेबसाइट की सेवा को चालू रखना आसान न था। चारों जानते थे कि यह मौका है, जो समय ने उन्हें दिया है और वे उसे किसी भी कीमत पर खोना नहीं चाहते थे। अत: सभी ने दिन-रात एक कर दिया और जल्दी ही अपनी वेबसाइट के दरवाजे बोस्टन विश्वविद्यालय, पेनसिल्वेनिया विश्वविद्यालय, प्रिंस्टन विश्वविद्यालय तथा मैसाचुसेट्स इंस्टीट्यूट ऑफ टेक्नोलॉजी के लिए भी खोल दिए। इस प्रकार 15 मार्च, 2004 तक उनकी वेबसाइट के यूजर्स की संख्या 20,000 से भी अधिक हो गई। मार्क के पूर्व सहपाठी फिलिप्स एक्सेटर एकेडमी में उसके साथ पढ़नेवाले उनके मित्र एडम डी. एंजेलो को जब इस वेबसाइट का पता चला तो उसने भी अपने आपको कैलटक के छात्रावास से ऑनलाइन कर लिया और नए विश्वविद्यालयों को जोड़ने में मार्क व उसके मित्रों की मदद में लग गया।

अभी तक 'द फेसबुक' की बनावट ऐसी थी कि किसी एक विश्वविद्यालय के छात्र केवल अपने ही विश्वविद्यालय के छात्रों की रूपरेखा देख सकते थे। उदाहरण के लिए, यदि कोई छात्र हार्वर्ड में पढ़ रहा है तो वह हार्वर्ड में पढ़नेवाले छात्रों की ही रूपरेखा देख पाता था और यदि कोई छात्र प्रिंस्टन विश्वविद्यालय में पढ़ रहा है तो वह प्रिंस्टन विश्वविद्यालय के छात्रों की ही रूपरेखा देख सकता था; लेकिन हार्वर्ड के छात्र प्रिंस्टन के छात्रों की रूपरेखा नहीं देख सकते थे और न ही प्रिंस्टन के छात्र हार्वर्ड के छात्रों की रूपरेखा देख सकते थे। मार्क और मॉस्कोवित्ज ने सोचा कि क्यों न दोनों पक्षों की आपसी सहमति से दोनों विश्वविद्यालयों की आर-पार की कड़ियों को भी आपस में जोड़ दिया जाए। इससे सबसे बड़ा फायदा यह होगा कि एक समुदाय के लोग दूसरे समुदाय से जुड़ेंगे और उनके संबंधों की कड़ियाँ भी और मजबूत होंगी। बस, फिर क्या था, यह 'द फेसबुक' पर संबंध बनाने का एक ऐसा तरीका बन गया, जो आज तक बना हुआ है।

यूजर्स की बढ़ती हुई संख्या के कारण 'द फेसबुक' पर तकनीकी रूप से भी भार बढ़ रहा था। बढ़ते हुए यूजर्स के कारण उनके सर्वर पर भी अत्यधिक बोझ पड़ रहा था, जिसके चलते उन्हें और सर्वर लगाने की आवश्यकता पड़ी। मार्च 2004 के अंत तक यूजर्स की संख्या 30,000 तक हो गई, जिसके लिए अब उन्हें पाँच सर्वर लगाने पड़े। यही नहीं, अब 'द फेसबुक' को इंटरनेट के मासिक किराए के रूप में 450 डॉलर प्रतिमाह का भुगतान करना पड़ रहा था, जो कि पहले से कहीं अधिक था। मार्क व सेवरिन ने एक बार फिर 10,000 डॉलर का संयुक्त रूप से निवेश किया और वेबसाइट की सेवाओं को चालू रखा।

वेबसाइट के बढ़ते हुए खर्चों को देखते हुए अब उन्हें पैसों की आवश्यकता थी, जिसकी भरपाई केवल विज्ञापनों द्वारा ही संभव थी। अत: सेवरिन ने विज्ञापन तलाशने के लिए न्यूयॉर्क जाने का निश्चय किया और विज्ञापन राजस्व बनाने का निर्णय लिया। न्यूयॉर्क में किसी भी बड़ी कंपनी ने 'द फेसबुक' जैसी छोटी सी सोशल नेटवर्किंग वेबसाइट को घास तक नहीं डाली और विज्ञापन देने से मना कर दिया; लेकिन सेवरिन ने हार नहीं मानी और विज्ञापनदाताओं से मुलाकात का सिलसिला जारी रखा। परिणामस्वरूप उसे ब्रिटन नामक एक व्यक्ति मिला, जो एक विज्ञापन एजेंसी से संबंध रखता था और उसने सेवरिन को 'द फेसबुक डॉट कॉम' के लिए 15 हजार डॉलर के विज्ञापन का बिजनेस दिया। सेवरिन ने कुछ छोटी-छोटी कंपनियों के विज्ञापन भी एकत्रित किए और उन्हें अपनी वेबसाइट पर दिखाने लगे। इसके बाद उसकी मुलाकात एक अन्य विज्ञापन एजेंसी, जिसका

नाम 'वाय2एम' था, के मालिक से हुई, जो विशेष तौर पर विश्वविद्यालयों के समाचार-पत्रों व वेबसाइटों पर अपने ग्राहकों के विज्ञापन देने का कार्य करती थी। उस एजेंसी ने 'द फेसबुक' की भविष्य की संभावनाओं को देखते हुए उन्हें अच्छी संख्या में विज्ञापन जारी करने के लिए दिए।

धीरे-धीरे अन्य कंपनियों ने भी उनकी वेबसाइट पर विज्ञापन देने में रुचि दिखाई। मार्क ने विज्ञापन के लिए कुछ शर्तें भी लागू कर दीं, जिनके अंतर्गत विज्ञापनदाता कुछ मानकीकृत बैनर विज्ञापन, स्थान (पट्टी, स्तंभ, डिब्बा) का ही प्रयोग कर सकते थे। स्व-निर्धारित विज्ञापनों के प्रदर्शन को साफ मना किया जाता। उन्होंने विज्ञापन का आकार व प्रकार भी निर्धारित किया। देखते-ही-देखते 'द फेसबुक' पर विज्ञापनदाताओं की भी भीड़ लग गई; लेकिन विज्ञापनदाताओं का लालच मार्क की सोच को गिरा न सका। कहा जाता है कि मार्क ने उस समय के विख्यात विज्ञापनदाताओं के स्व-निर्धारित प्रस्तावों को भी नामंजूर कर दिया था। हालाँकि सेवरिन व वाय2एम को मार्क की यह सोच पसंद नहीं आई; लेकिन मार्क तो मार्क थे, अपनी धुन के पक्के। उन्होंने किसी प्रकार का कोई समझौता नहीं किया। 'द फेसबुक' ने वाय2एम को अगले दो वर्षों के लिए 'द फेसबुक' के साथ 30 प्रतिशत कमीशन का विज्ञापन देने का समझौता कर लिया।

'द फेसबुक' की सफलता का सबसे बड़ा कारण यह भी माना जाता है कि वह हार्वर्ड के माहौल में शुरू की गई, जहाँ सामाजिक नेटवर्क काफी बड़े स्तर पर था और अधिकतर छात्र पढ़ते समय पूरे उत्साह से इस प्रकार की गतिविधियों में हिस्सा लेते थे। यहाँ हर कोई कुछ-न-कुछ विशेष करने की फिराक में रहता और जोखिम उठाने के लिए भी तैयार रहता। यह सच्चाई भी किसी को चोट नहीं पहुँचाती थी कि हार्वर्ड के छात्र अलौकिक रूप से हैसियत के प्रति जागरूक थे। हालाँकि यह सेवा यूजर्स की सेवाओं की सफलताओं को मापती थी, लेकिन उनकी सामाजिक महत्त्वाकांक्षाओं के पैमाने को भी मान्यता प्रदान करती थी।

''लोगों को समझना और जानन, समय की बर्बादी नहीं है।''

□

'द फेसबुक डॉट कॉम एल.सी.सी.'

मार्क की टीम पूरे जोश के साथ अपनी वेबसाइट के उत्थान में कार्यरत थी। उनमें आत्मविश्वास की भी कोई कमी नहीं थी और वे किसी भी चुनौती का मुकाबला करने को तैयार थे। आगे बढ़ने के लिए 'द फेसबुक' को विधिवत् रूप से एक कारोबारी कंपनी के रूप में स्थापित करना था, जिसके लिए व्यापार की समझ रखनेवाले सेवरिन ने अपना अमूल्य योगदान दिया।

उन्होंने 13 अप्रैल, 2004 को 'द फेसबुक डॉट कॉम एल.सी.सी.' नाम की कंपनी की स्थापना की। इसे एक सीमित दायित्ववाली कंपनी का रूप दिया गया, जिसमें मार्क जुकरबर्ग की 65 प्रतिशत, एडुअर्डो सेवरिन की 30 प्रतिशत तथा डस्टिन मॉस्कोवित्ज की 5 प्रतिशत की साझेदारी थी। फ्लोरिडा में सेवरिन के पिता के मुख्य कारोबारी निवास को इस कंपनी का पंजीकृत कार्यालय बनाया गया। तेजी से बढ़ रहे इस उद्यम में हर कोई हिस्सा लेना चाहता था और मार्क सबको मना कर रहे थे। यही नहीं, इसके साथ ही इस वेबसाइट को खरीदने के लिए निवेशकों की लाइन भी लगनी शुरू हो गई। मार्क के ही एक सहपाठी के पिता, जो कि एक बड़े निवेशक थे, ने मार्क को न्यूयॉर्क बुलाकर 'द फेसबुक' खरीदने की इच्छा जाहिर की। उन्होंने इसके लिए मार्क को 10 लाख डॉलर की पेशकश की, जिसे मार्क ने बिना एक क्षण गँवाए ठुकरा दिया; क्योंकि इतनी बड़ी रकम का ऑफर तो उसे पहले भी आ चुका था, जब उसने अपने स्कूल के दिनों में एम.पी.-3 की खोज की थी। फिर 'द फेसबुक' तो भविष्य मे करिश्मा दिखाने जा रही थी। उसे बेचकर मार्क अपने पैरों पर स्वयं कुल्हाड़ी नहीं मारना चाहते थे।

"मुझे लगता है कि जानकारी का अधिक-से-अधिक प्रवाह और लोगों से जुड़े रहने की क्षमता लोगों को अधिक प्रभावी बनाती है। यह सामाजिक रूप से एक सच्चाई है। यह आपको सही और मजेदार बनाता है। लोगों का अधिक संख्या में जुड़ा होना अच्छा लगता है। और आप अपने आपको एक सुखद जीवन का मालिक समझते हैं।"

□

हार्वर्ड से सिलिकॉन वैली

मार्क की दूरदर्शिता ने यह पहले से ही अनुमान लगा लिया था कि 'द फेसबुक' को मात्र हार्वर्ड में ही नहीं रहना, बल्कि उसे तो आसमान की ऊँचाइयों को छूना है। कंपनी में राजस्व जमा होते ही मार्क के दिमाग ने और गहराई से सोचना शुरू कर दिया और अंत में उन्होंने निर्णय लिया कि वे 'द फेसबुक' को विश्व में सूचना एवं तकनीक के गढ़ 'सिलिकॉन वैली' (कैलिफोर्निया) ले जाएँगे और इसकी रूपरेखा बदलकर रख देंगे। सिलिकॉन वैली, जो कि अधिकांश पूँजीपतियों, व्यापारियों तथा धनाढ्य वर्ग के लोगों का केंद्र है और उस कॉलेज से मात्र 2 किलोमीटर की दूरी पर स्थित है, जहाँ के छात्रों ने सिलिकॉन वैली के विकास में सहायता की थी।

यहाँ उनकी दूसरे वर्ष की परीक्षा की तैयारी चल रही थी और इसके बाद छुट्टियों के समय को वे सिलिकॉन वैली में बिताने की योजना बना रहे थे। उन्होंने सिलिकॉन वैली में किराए के लिए स्थान ढूँढ़ने के लिए विज्ञापनों का सहारा लिया और उपयुक्त स्थान मिलते ही वे अपने दोस्तों के साथ पॉलो आल्टो, कैलिफोर्निया चले गए। वहाँ उन्होंने 'ला जेनिफर वे' में एक छोटा सा घर लीज पर लिया, जो उनका पहला ऑफिस बना। उन्होंने इसी घर के एक कमरे में अपने आवश्यक यंत्र व सामान को स्थापित करके कार्यस्थल का रूप दे दिया। सभी मौज-मस्ती से काम करते, खाते-पीते, गप्पें मारते, अपनी प्रेमिकाओं को वहाँ बुलाते, टेलीविजन देखते और देर रात तक काम करते।

मार्क के अनुसार, उनके समूह ने पतझड़ के समय में हार्वर्ड वापस जाने का फैसला किया, लेकिन मार्क ने कैलिफोर्निया में रुकने का निश्चय किया। उन्होंने आगे की पढ़ाई को बीच में ही छोड़ देने का निश्चय किया और अपनी कंपनी के कार्य को आगे बढ़ाने की योजना बना डाली। उसी क्षण से वह छात्र बनकर अपने कॉलेज वापस नहीं आए। तब से लेकर आज तक वे फेसबुक को लगातार

बुलंदियों की ओर ले जा रहे हैं। एक समय ऐसा आया, जब मार्क ने फेसबुक को अमेरिका की चारदीवारी से बाहर ला खड़ा कर दिया व विश्व की कई जानी-मानी कंपनियों—माइक्रोसॉफ्ट व एप्पल आदि के कर्मचारियों के लिए भी फेसबुक में प्रवेश करने के रास्ते खोल दिए।

यहाँ मार्क के मित्र मैककोलम को वीडियो गेम बनानेवाली एक कंपनी में कुछ समय के लिए नौकरी मिल गई। उनके दूसरे मित्र एंजेलो ने भी सिलिकॉन वैली में ही रहकर छुट्टियाँ बिताने का निर्णय ले लिया। उन दोनों के सिलिकॉन वैली में होने से मार्क को काफी सहारा मिला। क्रिस ह्यूजेस ने फ्रांस के एक ग्रीष्मकालीन कोर्स के अंतर्गत पढ़ने का फैसला किया और मार्क को आश्वासन दिया कि वह अपना कोर्स समाप्त होने के बाद ही कंपनी का साथ देगा। वैसे भी वह मॉस्कोवित्ज के मुकाबले कम संपन्न परिवार से संबंध रखता था और जोखिम भी कम ही उठाता था। उसे अपना पाठ्यक्रम पूरा करने में काफी समय लग गया और वह अगस्त के महीने में उनके बीच आकर उनके दल का सदस्य बन गया। क्रिस मानविकी शास्त्र का छात्र था, जिससे वह अपने काम को बाकी साथियों के मुकाबले अच्छे तरीके से करा सकता था। वह प्राइवेसी की सुरक्षा और उपयोग की सरलता पर काफी जोर देता था। छुट्टियाँ समाप्त होने के बाद अपनी तीसरे वर्ष की पढ़ाई जारी रखने जब वह वापस हार्वर्ड लौटा तो भी मार्क ने उसे कंपनी का प्रवक्ता बनाए रखा। क्रिस ही वह व्यक्ति था, जो अपने छात्रावास से ही विश्वविद्यालयों के समाचार-पत्रों के अलावा बाकी संचार माध्यमों के जवाब दिया करता था। मॉस्कोवित्ज 'द फेसबुक' को मात्र एक निवेश परियोजना मानता था और उसे कभी-कभी मार्क की टोली के साथ घूमने-फिरने में परेशानी भी होती थी। अत: उसने अपने पिता की जान-पहचान की एक कंपनी में काम करते हुए 'द फेसबुक' के लिए अधिक-से-अधिक विज्ञापन जुटाने की सोची।

''मैंने सचमुच अपने छात्रावास के कमरे में फेसबुक की कोडिंग का काम शुरू किया था। मैंने 85 डॉलर प्रति महीने के किराए पर एक सर्वर किराए पर लिया था, जिसके एक तरफ विज्ञापन डालता था।

''इसी प्रकार विज्ञापन डालकर हमने शुरू के दिनों में थोड़ा-थोड़ा पैसा प्राप्त किया।''

□

ड्रॉप आउट स्टूडेंट

मार्क ने इस साइट को हार्वर्ड से निकालकर दूसरे स्कूलों तक पहुँचाकर वर्ष के अंत तक 10 लाख यूजर्स बना लिये। विश्व-प्रसिद्ध कंपनियों—याहू व एम.टी.वी. ने 1 करोड़ डॉलर में इस साइट को खरीदना चाहा। लेकिन मार्क का जवाब था, ''मैं पहले सूचना आदान-प्रदान करने का एक खुला और स्वतंत्र प्लेटफॉर्म बना लूँ, फिर फायदे के बारे में विचार करूँगा।'' इस दौरान उन्हें पढ़ाई बीच में ही छोड़नी पड़ी और वे हार्वर्ड के सबसे मशहूर ड्रॉप आउट्स में से एक बन गए।

बढ़ती हुई लोकप्रियता और यूजर्स की बढ़ती हुई संख्या को देखते हुए मार्क यह सोचने पर मजबूर हो गए कि अब फेसबुक का कार्य इस छोटे से कमरे से नहीं संचालित किया जा सकता। अत: उन्होंने एक दिन अपने सभी मित्रों से कहा कि वे अब यह कार्य मात्र पार्ट टाइम कार्य के रूप में नहीं करेंगे, बल्कि इसे फुल टाइम में बदलने जा रहे हैं। उन्होंने यह भी घोषणा की कि वे पढ़ाई बीच में ही छोड़कर हार्वर्ड को अलविदा कहने जा रहे हैं, क्योंकि वे पढ़ाई और फेसबुक का कार्य साथ-साथ नहीं चला सकते। अत: वे हार्वर्ड विश्वविद्यालय के 'ड्रॉप आउट' स्टूडेंट की लिस्ट में आ गए और वहाँ से नाता तोड़कर सिलिकॉन वैली में रहने लगे।

''हम फेसबुक पर सिर्फ यह करने की कोशिश कर रहे हैं कि लोगों को जोड़ने और अधिक कुशलता से संवाद करने में मदद मिले।''

□

सीन पार्कर से मुलाकात

मार्क के लिए सिलिकॉन वैली एक अनजाना शहर था। उनका मनोबल इतना ऊँचा था कि वे यह तो सोचते थे कि उन्हें यहाँ रहकर कुछ अलग करना है, लेकिन उन्हें समझ नहीं आ रहा था कि वे शुरुआत कहाँ से करें। ऐसे में एक दिन अचानक ही बाजार में उनकी मुलाकात सीन पार्कर से हुई। पार्कर को देखकर मार्क भौंचक्के रह गए। उन्होंने कभी सपने में भी नहीं सोचा था कि पार्कर जैसा व्यक्ति उन्हें इस प्रकार सिलिकॉन वैली में मिल जाएगा। वे पार्कर से पहले भी मिल चुके थे; लेकिन तब का मिलना इतना महत्त्वपूर्ण नहीं था, जितना कि अब। औपचारिकताओं के पश्चात् मार्क ने उसे रात के खाने के लिए आमंत्रित किया और इस बात से भी अवगत कराया कि वे किसी खास मामले में उससे बात करना चाहते हैं।

सभी एक बार फिर से रात को भोजन के लिए एक रेस्तराँ में मिले। पार्कर ने उन्हें अपनी आपबीती सुनाई। मार्क ने भी उन्हें अपनी कंपनी के ताजा हालात से अवगत कराया तथा अपनी भविष्य की भावी योजनाओं के बारे में जानकारी दी। पार्कर ने 'द फेसबुक' से जुड़ने और उसे ऊँचा उठाने की इच्छा जाहिर की। वे दुनिया के तौर-तरीकों व व्यापारिक तिकड़मों से अच्छी तरह से वाकिफ थे। मार्क से पाँच वर्ष बड़ा होने के कारण उनका अनुभव भी अधिक था। वे सिलिकॉन वैली के कई पहुँचे हुए व्यक्तियों को जानते थे तथा उनका ध्यान अपनी ओर खींचने में भी माहिर थे। वे दूसरों से बात करते समय उसे गहराई तक ले जाते, जिससे सामनेवाला व्यक्ति तुरंत ही उनके प्रभाव में आ जाता। वे यह भी अच्छी तरह से जानते थे कि फेसबुक के संदर्भ में किससे कब, कैसे और क्या बात करनी है। इस प्रकार पार्कर के आने से मार्क को भी अपनी दूरदृष्टि परखने का मौका मिला। पार्कर ने मार्क को यह सलाह भी दी कि वे अपनी कंपनी का नाम 'द फेसबुक' से बदलकर सिर्फ 'फेसबुक' रखें, क्योंकि छोटा नाम अधिक प्रभावशाली होता है

और लोगों की जुबान पर भी आसानी से बैठ जाता है। लेकिन फिलहाल मार्क ने उनकी सलाह पर कोई ध्यान नहीं दिया।

मार्क ने पार्कर को द फेसबुक के 'मुख्य प्रौद्योगिकी अधिकारी' का पद दे दिया, जिसे पार्कर ने खुशी-खुशी स्वीकार कर लिया। वे अपनी दूरदर्शिता से काम करके इस परियोजना में गहराई से कार्य करने लगे। इसी बीच मार्क का मित्र, एंजेलो भी उनके ग्रुप में शामिल हो गया। कहा जाता है कि वे इस ग्रुप के सबसे निपुण कार्यकर्ता थे। हाथ में तकलीफ होने के कारण वे अधिक देर तक कूटलिपि टाइप नहीं कर सकते थे। वे कोई ऐसा कार्यक्रम बनाना चाहते थे, जिसमें वीडियो कैमरा उनके हाथ के इशारे को समझकर कंप्यूटर स्क्रीन पर वह सब टाइप करे, जो वे चाहते थे। गरमी की छुट्टियाँ समाप्त होने जा रही थीं और उन्हें उम्मीद थी कि सितंबर में नए सत्र के शुरू होते ही उनकी साइट पर भारी संख्या में यूजर्स आने वाले हैं। मार्क और उनके ग्रुप ने अपने कार्य में तेजी लानी शुरू कर दी और अपनी वेबसाइट को बेहतर बनाने तथा उसके विकास कार्य में जुटे रहे।

पार्कर ने जब यह देखा कि मार्क या उनके किसी भी मित्र को नेटवर्किंग प्रबंधन के बारे में कोई जानकारी नहीं थी तो उन्होंने एक पेशेवर इंटरनेट कंपनियों की तरह अपने डाटा केंद्र व सर्वर के संचालन के लिए परिचालन विभाग का गठन किया तथा उसके लिए तानेर हलिसीओग्लु नामक व्यक्ति को नियुक्त कर लिया। लेकिन यूजर्स की लगातार बढ़ती हुई संख्या को देखते हुए नेटवर्क में हर थोड़े समय पश्चात् नए सर्वर को जोड़ना पड़ता था। इसके लिए मार्क ने अपने आत्मविश्वास व सूझ-बूझ का परिचय देते हुए अपने मित्रों की तात्कालिक बहाली से काम चलाया। वह सर्वर नेटवर्क की क्षमता को एक साथ दस गुना तक बढ़ाने पर जोर देता था, ताकि थोड़ी-थोड़ी जरूरत के लिए सर्वर नेटवर्क को बार-बार खोलने व स्थापित करने में असुविधा न हो और यूजर्स को भी धीमे नेटवर्क का सामना न करना पड़े।

सिलिकॉन वैली में यह खबर छिपी नहीं रह सकी कि पॉलो अल्टो के 'ला जेनिफर' में कुछ खास चल रहा है, जो अंदर-ही-अंदर विकसित होता जा रहा है। पहले-पहल तो कई छोटे-छोटे व्यापारियों ने वहाँ की टोह लेने की कोशिश की; लेकिन जब गूगल जैसी दिग्गज कंपनी को इस परियोजना की भनक लगी तो उनके प्रतिनिधि यह पता लगाने के लिए कि वहाँ क्या चल रहा है, उनके घर पहुँच गए। वे यह जानना चाहते थे कि क्या 'द फेसबुक' में निवेश करके उनका भी कोई फायदा हो सकता है? उन्होंने मार्क को एक बड़ी रकम देने की पेशकश की और 'द फेसबुक' खरीदने की इच्छा जताई। मार्क व पार्कर ने उनकी पेशकश

ठुकरा दी, क्योंकि वे किसी भी कीमत पर गूगल जैसी बड़ी कंपनी के जाल में नहीं फँसना चाहते थे और अपनी वेबसाइट को ही स्वतंत्र रूप से कार्य करके आगे ले जाना चाहते थे।

'द फेसबुक' गंभीर कारोबार की दिशा में आगे बढ़ रही थी। इसी बीच पार्कर ने मार्क को सुझाव दिया कि इंटरनेट के लिए किराया देने की बजाय स्वयं का स्वतंत्र सर्वर टॉवर ही क्यों न लगाया जाए। मार्क को पार्कर की बात में दम लगा और उसने तुरंत ही 20,000 डॉलर खर्च करके इसका इंतजाम करवा लिया। परिचालन विभाग के कर्मचारी की नियुक्ति, द फेसबुक के विस्तार के लिए समय-समय पर की जानेवाली तात्कालिक नियुक्तियाँ और उसके सहवासियों के रहन-सहन व मौज-मस्ती जैसे बढ़ते खर्चों के कारण कंपनी में निवेश की आवश्यकता थी। इस कार्य के लिए नियुक्त वकील द्वारा आवश्यक दस्तावेज तैयार करवाए गए, जिनमें कंपनी के संचालन की परिभाषित रूपरेखा, कर्मचारियों की आधिकारिक नियुक्तियाँ, कंपनी के साझेदारों के बीच औपचारिक अनुबंध, विधिवत् वेतन नामावली, लेखा प्रक्रिया आदि प्रमुख थे। पार्कर ने बाहरी निवेशकों से बातचीत शुरू कर दी। उसने अपने वकील की सहायता से कंपनी के नए ढाँचे की संरचना की और अमेरिका के मध्य अटलांटिक क्षेत्र के डेलाफेयर प्रांत में नई कंपनी की स्थापना का फैसला किया। चूँकि डेलाफेयर का कानून व्यापारिक दृष्टि से सबसे अधिक व्यापार के अनुकूल माना जाता है, अतः अमेरिका की अधिकांश कंपनियों की वैधानिक संस्थापना डेलाफेयर क्षेत्र में ही कराई हुई है। पार्कर ने नई कंपनी की योजना में 'द फेसबुक' द्वारा प्रयोग में लाई जा रही बौद्धिक संपदाओं को कंपनी के स्वामित्व के दायरे से बाहर कर दिया। अधिकांश सॉफ्टवेयर और डिजाइन मार्क के निजी स्वामित्व में थे और कुछ मॉस्कोवित्ज के स्वामित्व में थे।

मार्क को सेवरिन के बिना यह कार्य कठिन लग रहा था। हालाँकि उसने नई कंपनी में सेवरिन की साझेदारी बरकरार रखी; लेकिन सेवरिन को जब यह बात पता लगी तो उसे बुरा लगा। उसने मार्क को एक पत्र लिखा, जिसमें उसने दावा किया कि मूल साझेदारी के दस्तावेज के अनुसार, 'द फेसबुक' के कारोबार पर नियंत्रण का अधिकार उसके पास था। उसने यह भी माँग की कि मार्क कंपनी के ढाँचे में किसी प्रकार के फेर-बदल से पूर्व उसके तथाकथित कारोबार पर नियंत्रण के अधिकार को सुनिश्चित करने के लिए गारंटी के अनुबंध पर हस्ताक्षर करे। सेवरिन इस परियोजना में शुरू से ही मार्क के साथ था और उसे इसके प्रति अंदर से लगाव भी पैदा हो गया था, अतः उसके लिए स्वयं को अलग करना बहुत

मुश्किल था। उसने अपने पिता की सलाह से इस मामले को कानूनी तरीके से निपटाने की सोची। अत: मार्क की सारी नाकाम कोशिशों के परिणामस्वरूप उसने अदालत की सहायता ली।

नई कंपनी के अनुसार, उसके 51 प्रतिशत अधिकार मार्क के पास रखे गए। वह कंपनी का संपूर्ण निदेशक (Sole Director) था। सेवरिन को 34.4 प्रतिशत की साझेदारी दी गई, जो पुरानी साझेदारी 30 प्रतिशत के मुकाबले थोड़ी अधिक थी। ऐसा करने से सेवरिन के पास मार्क से धोखाधड़ी या बेईमानी करने का कोई तार्किक अधिकार नहीं रह गया था। मॉस्कोवित्ज की हिस्सेदारी भी 1.81 प्रतिशत से बढ़ाकर 6.81 प्रतिशत कर दी गई। सीन पार्कर को भी उसके अथक प्रयास के लिए 6.47 प्रतिशत की हिस्सेदारी प्रदान की गई। मार्क ने यह भी ऐलान किया कि यदि मॉस्कोवित्ज और पार्कर अगले एक वर्ष तक कंपनी के साथ जुड़े रहेंगे तो उनकी हिस्सेदारी दुगुनी कर दी जाएगी।

अगस्त 2004 के अंत तक 'द फेसबुक' के यूजर्स की संख्या 2,00,000 तक पहुँच गई थी। मार्क व उसकी टीम ने नए सत्र में आनेवाले छात्रों के लिए पूरे उत्साह से तैयारी कर ली थी। मार्क व मॉस्कोवित्ज यह चाहते थे कि केवल सितंबर महीने में ही 72 नए विश्वविद्यालयों को द फेसबुक से जोड़ लिया जाए और आनेवाले समय में धन की कमी को पूरा करने के लिए निवेशकों को भी कंपनी के साथ जोड़ा जाए; क्योंकि मार्क ने यह देख लिया था कि अब वह समय आ गया है, जब किसी विश्वसनीय निवेशक को कंपनी में हिस्सेदारी के लिए आमंत्रित किया जा सकता है, जो इसके लिए अच्छी रकम देने को तैयार हो जाएगा।

> ***''लोग इस बात की परवाह बिल्कुल नहीं करते कि दूसरे उनके बारे में क्या सोचते हैं या क्या कहते हैं। वे इस बात की ज्यादा परवाह करते हैं कि आपने किस चीज का निर्माण किया है और यदि आपने कोई ऐसी चीज बनाई है, जिससे लोगों का जीवन बेहतर हुआ हो तो वास्तव में कुछ अच्छा ही हुआ है।''***

□

सिलिकॉन वैली में निवेशक

मार्क और उनके मित्रों के पास मेहनत, लगन और आत्मविश्वास था; लेकिन पैसे की कमी थी। हालाँकि निवेशक के रूप में काफी लोगों ने उनके कारोबार में पैसा लगाने की इच्छा व्यक्त की; लेकिन मार्क ऐसा निवेशक चाहते थे, जो विश्वसनीय हो और जिसे बाज़ार की समझ हो। ऐसे में पार्कर की मुलाकात पीटर थिएल नाम के एक व्यापारी से हुई, जो 'द फेसबुक' में निवेश के लिए राजी हो गया। पीटर थिएल एक ऑनलाइन भुगतान सेवा कंपनी 'पेपाल' (Paypal) का पूर्व सह-संस्थापक था। पेपाल की स्थापना से पूर्व वह एक पेशेवर निवेशक था। वह व्यापारिक दृष्टि से एक सुलझा हुआ व्यक्ति था। उसका मानना था कि पिछले कुछ समय से नेटवर्किंग साइटों में निवेश का नतीजा कुछ अच्छा नहीं रहा; लेकिन इंटरनेट की बढ़ती हुई माँग को देखते हुए वह यह मानता था कि इंटरनेट का अगला कारोबार नेटवर्किंग सेवा ही होगा। उस समय चल रही लगभग सभी नेटवर्किंग साइटों की सेवाएँ केवल युवाओं की प्रेमिकाएँ ढूँढ़ने में ही लगी थीं; लेकिन पीटर थिएल को द फेसबुक के बारे में अन्य वेबसाइटों से काफी कुछ अलग देखने व सुनने को मिला, जिसके फलस्वरूप उसने निवेश करना स्वीकार किया। उसने 'लिंक्डइन' नामक नेटवर्किंग साइट में भी कुछ निवेश किया था।

उसने इस शर्त पर निवेश करना स्वीकार किया कि यदि 31 दिसंबर, 2004 तक 'द फेसबुक' के यूजर्स की संख्या 15 लाख तक नहीं पहुँची तो 'द फेसबुक' ब्याज सहित उसके पैसे वापस कर देगी और यदि यूजर्स की संख्या 15 लाख तक पहुँच गई तो निवेश की रकम 10.2 प्रतिशत की हिस्सेदारी में बदल जाएगी। कुल मिलाकर उसने अपनी रकम को दोनों ही परिस्थितियों के लिए सुरक्षित कर लिया था। आवश्यक दस्तावेजों के पूरा होते और कंपनी की औपचारिक शर्तों को स्वीकार करते हुए पीटर थिएल ने प्रारंभिक चरण में 5 लाख डॉलर का साहसिक निवेश

किया, जो द फेसबुक के लिए एक चमत्कार था। मार्क जानता था कि वर्ष के अंत तक 15 लाख यूजर्स बनाना कोई आसान काम नहीं था; लेकिन फिर भी उसने पीटर थिएल की शर्त स्वीकार कर ली, क्योंकि और कुछ हो न हो, कम-से-कम उसे इस समय में इतने यूजर्स तो अवश्य मिल जाएँगे, जिससे आगे चलकर पीटर थिएल को प्रभावित किया जा सके। वैसे भी, मार्क को वह अन्य सब निवेशकों से सबसे अलग दिखाई दिया था और पार्कर से उसकी अच्छी बनती थी।

''मैं उम्मीद करता हूँ कि फेसबुक और इंटरनेट की अन्य तकनीकें लोगों तक पहुँचती रहेंगी। मैं यह नहीं कहता कि यदि फ़ेसबुक न होता तो यह सब संभव न होता। बेशक यह होता।''

□

‘ला जेनिफर वे’ से ‘लॉस अल्टोस’

एक बार फिर से ‘द फेसबुक’ को अपना बोरिया-बिस्तर बाँधना पड़ा और ला जेनिफर वे से वह किराए का मकान छोड़कर पॉलो आल्टो के दक्षिण में लॉस अल्टोस की पहाड़यों में किराए के एक मकान में आ बसे। चूँकि ला जेनिफर वे के मकान मालिक ने उन्हें आगे के लिए अपने मकान में ठहरने से मना कर दिया था और उनके द्वारा पड़ोसियों को भी काफी परेशानियों का सामना करना पड़ रहा था, जिसके कारण वे स्थानांतरण के लिए विवश हो गए।

मार्क की सोच एकदम सटीक रहती कि चाहे अपनी या अपने कार्यस्थल की अवस्था जैसी भी हो, अपने कार्य के लिए पूरी निष्ठा होनी आवश्यक है। वैसे भी, मार्क के लिए अपने यूजर्स से बढ़कर कोई नहीं था। वे किसी भी कारण अपनी साइट में कमजोरी नहीं आने देना चाहते थे, जिससे उनके यूजर्स को किसी प्रकार की परेशानी हो। यही कारण था कि नए कार्यस्थल में आने के बाद भले ही वहाँ गंदगी रहती हो या फिर काफी दिनों तक सफाई न होती हो, लेकिन उन्होंने ‘द फेसबुक’ का काम कभी नहीं रुकने दिया और अपने यूजर्स को वे सभी सेवाएँ देते रहे, जिनकी उन्हें आवश्यकता थी। गरमी की छुट्टियाँ धीरे-धीरे समाप्त होने जा रही थीं। इन छुट्टियों में ‘द फेसबुक’ में दो नई सुविधाओं को जोड़ा गया। उनमें से एक थी ‘द वाल’ और दूसरी ‘ग्रुप्स’। ‘द वाल’ का अर्थ था द फेसबुक से जुड़े प्रत्येक यूजर की रूपरेखा का मुखपृष्ठ। यह विशेष प्रकार से डिजाइन किया गया था, जिससे किसी विश्वविद्यालय विशेष के ‘द फेसबुक नेटवर्क’ से जुड़े यूजर या अन्य स्वीकृत मित्र एक-दूसरे की रूपरेखा के इस मुखपृष्ठ को देखकर उसके बारे में जानकारी प्राप्त कर सकते थे, उसके बारे में अपने विचार प्रस्तुत कर सकते थे, उसे पटाने के लिए कोई टिप्पणी लिख सकते थे या फिर उसे मित्रता का प्रस्ताव भेज सकते थे।

दूसरी सुविधा 'ग्रुप्स' के अनुसार अब कोई भी 'द फेसबुक' यूजर किसी भी कारण से या फिर किसी भी विषय पर अपने समूह का निर्माण कर सकता था और उससे जुड़ने के लिए लोगों को आमंत्रित कर सकता था। उस ग्रुप से जुड़े लोग आपस में विचार-विमर्श कर सकते थे, किसी दूसरे के विचार पर अपनी टिप्पणियाँ भेज सकते थे और दूसरे की गतिविधियों पर भी नजर रख सकते थे। यह एक खुली किताब की तरह था, जहाँ कोई भी यूजर अपनी पहचान छिपाकर नहीं रख सकता था। वह अपने द्वारा व्यक्त किए गए विचारों पर लोगों की प्रतिक्रियाओं व टिप्पणियों का स्वयं ही जिम्मेदार होता; लेकिन उसे कुछ मर्यादाओं में भी रहना होता था, अन्यथा उसकी सदस्यता रद्द की जा सकती थी।

इसके पश्चात् मार्क की मुलाकात रॉन कॉनवे नाम के एक निवेशक से हुई, जो एक वेंचर कैपिटल इन्वेस्टर थे। कानवे ने मार्क को एक नासमझ लड़के के रूप में आँका और उसमें अधिक रुचि न दिखाते हुए उससे पीछा छुड़ाना चाहा, किंतु मार्क में कुछ तो था, जिसे देखकर कानवे जैसा धुरंधर भी 'फेसबुक' में निवेश करने के लिए राजी हो गया। वह मार्क के इन शब्दों से अधिक प्रभावित था—"आप दीजिए डॉलर्स, मैं दूँगा यूजर्स।"

मार्क को पूरा भरोसा था कि 'द फेसबुक' का भविष्य सुनहरा है। अत: उन्होंने कानवे को भी विश्वास दिलाया कि भविष्य में द फेसबुक से लाखों यूजर्स के जुड़ने की उम्मीद है। नया सत्र शुरू होते ही सितंबर माह के पहले सप्ताह में करीब 2 लाख यूजर्स 'द फेसबुक' से जुड़ गए और देखते-ही-देखते यह संख्या 21 अक्तूबर तक 5 लाख तक पहुँच गई। इसी के साथ मॉस्कोवित्ज ने मार्क के साथ मिलकर ऐसी कार्यविधि तैयार कर ली, जिससे अब उनके छात्रावासों, पाठ्यक्रमों, कक्षाओं की समय-सारणियों का एकत्रीकरण करना उतना जटिल नहीं रह गया, जितना कि पहले हुआ करता था; लेकिन एक बार फिर राजस्व की समस्या उनके सामने आ खड़ी हुई और बढ़ते यूजर्स के साथ बढ़ते खर्चे भी सामने आ खड़े हुए। सर्वर नेटवर्क में नए सर्वर जोड़ना अब उनके लिए रोजाना का कार्य बन गया था, जिसमें जरा सी भी देरी का मतलब था यूजर्स खोना। मार्क किसी भी कीमत पर ऐसी स्थिति नहीं आने देना चाहते थे।

ऐसे में पार्कर ने एक बार फिर से अपनी तत्परता का परिचय देते हुए सिलिकॉन वैली की एक मशहूर साहूकार कंपनी 'वेस्टर्न टेक्नोलॉजी इन्वेस्टमेंट (Western Technology Investment) का दरवाजा खटखटाया। वैसे भी, उस कंपनी के साझेदार मॉरीस वेर्डेगर (Mores Verdegar) से उनकी पुरानी जान-

पहचान थी। उसने 'द फेसबुक' के बारे में काफी कुछ सुन रखा था, जिसके कारण उसे पैसा देने में जरा भी संकोच नहीं था। अत: 'द फेसबुक' को 3 लाख डॉलर का ऋण मिल गया और साथ ही वेर्डेगर ने व्यक्तिगत रूप से 25 हजार डॉलर के निवेश की भी इच्छा जताई; लेकिन उनकी इस इच्छा को हरी झंडी नहीं मिल सकी, क्योंकि कंपनी की डब्ल्यू.टी.आई. की लेखाधिकारी ने व्यक्तिगत निवेश को अधिक जोखिमपूर्ण बताया था। लेकिन आगे चलकर लोगों की यह धरणा बदल गई कि 'द फेसबुक' में निवेश करना कोई जोखिम भरा काम नहीं है।

कुछ ही महीनों के भीतर 30 नवंबर, 2004 तक 'द फेसबुक' यूजर्स की संख्या 10 लाख तक पहुँच गई। यह अपने आपमें बहुत बड़ी कामयाबी थी और लक्ष्य-पूर्ति की दिशा में बढ़ते हुए कदमों का नतीजा था। इस अवसर पर पीटर थिएल ने 3 दिसंबर, 2004 को एक जश्न का आयोजन किया, जिसमें द फेसबुक के सभी कर्मियों को विशेष रूप से आमंत्रित किया गया। सभी ने जमकर मौज-मस्ती की तथा कामयाबी के इस जश्न को यादगार बना दिया। एक वर्ष के समाप्त होते-होते यह संख्या 50 लाख का रिकार्ड आँकड़ा पार कर गई। इतने बड़े लक्ष्य को पार करने पर शर्तों के मुताबिक पीटर थिएल को उसकी हिस्सेदारी के साथ-साथ बोर्ड ऑफ डायरेक्टर्स में भी शामिल कर लिया गया।

'द फेसबुक' की सबसे बड़ी विशेषता यह थी कि इसकी सेवा जहाँ भी पहुँच रही थी, वहाँ के यूजर्स अपनी असल पहचान के साथ ही इससे जुड़ते जा रहे थे और जैसे-जैसे इसके यूजर्स की संख्या बढ़ रही थी, वहीं माईस्पेस जैसी कई सोशल नेटवर्किंग साइटों के यूजर्स घट रहे थे। बढ़ते हुए यूजर्स के साथ फिर से राजस्व की समस्या सामने आई। साथ ही मार्क ने हिसाब लगाया कि प्रत्येक माह लगभग 50 हजार डॉलर का खर्च हो रहा था और जल्द ही उन्हें सर्वर के लिए कम-से-कम 1 लाख डॉलर और मानव संसाधन में करीब 5 लाख डॉलर की आवश्यकता थी। इसी दौरान पैरामाउंट पिक्चर्स द्वारा 'द फेसबुक' में 15 हजार मासिक डॉलर के विज्ञापनों का स्थान निश्चित किया गया। यह सौदा वाय2एम द्वारा किया गया था, जो उक्त पिक्चर के लिए विज्ञापन का कार्य कर रही थी।

इसी समूह (वाय2एम) ने दिसंबर 2004 में विश्व-विख्यात कंपनी 'एप्पल' के साथ बड़ा सौदा तय किया, जो 'द फेसबुक' के लिए काफी लाभदायक रहा। एप्पल ने अपने उत्पाद प्रशंसकों के लिए 'द फेसबुक' पर किसी विशेष समूह को प्रायोजित करने के लिए न केवल 50 हजार डॉलर प्रति माह का भुगतान सुनिश्चित किया, बल्कि समूह में शामिल होनेवाले प्रति यूजर को प्रति माह 1 डॉलर का

अतिरिक्त भुगतान भी किया। इतनी बड़ी उपलब्धि ने सबको हिलाकर रख दिया। इससे उनके मासिक खर्चे पूरे होने शुरू हो गए। वहीं एप्पल को अपने छात्र प्रशंसकों से सीधे व लगातार संपर्क में रहने का मौका मिल गया और उसे कई प्रोत्साहनों के जरिए अपने व्यापार को बढ़ाने का अवसर भी मिला। पार्कर ने भविष्य की आवश्यकताओं को देखते हुए कई अन्य प्रतिभाशाली लोगों को 'द फेसबुक' से जोड़ने का कार्य जारी रखा। उसने हॉफ्रफमैन की कंपनी 'लिंक्डइन' के संस्थापकों में से एक पदाधिकारी कोहलर से संबंध स्थापित किया और उसे अपनी कंपनी में आने का आमंत्रण दिया। उस समय कोहलर को लिंक्डइन में उपाध्यक्ष बनाने की बात चल रही थी; लेकिन उसे लिंक्डइन की तरक्की से 'द फेसबुक' से जुड़ना अधिक बेहतर लगा और उसने पार्कर के प्रस्ताव को मंजूर कर लिया। कोहलर को भी कंपनी में हिस्सेदारी दी गई। आगे चलकर कोहलर ने 'द फेसबुक' के लिए बहुत महत्त्वपूर्ण भूमिका निभाई।

"मैं जब छठी कक्षा में था तो मुझे अपना पहला कंप्यूटर मिला। जैसे ही यह मुझे मिला, मैंने इसमें दिलचस्पी लेनी शुरू कर दी कि यह कैसे काम करता है और किस प्रकार कार्यक्रमों को चलाता है। मैं इसकी भीतरी प्रणाली एवं गहरे स्तर पर प्रोग्रामिंग लिखने में जुट गया।"

□

निवेशकों की होड़

कहते हैं कि सफलता ही धन को आकर्षित करती है। 'द फेसबुक' के साथ भी कुछ ऐसा ही हुआ। जैसे-जैसे 'द फेसबुक' को सफलताएँ मिलती गईं, वैसे-वैसे उसमें निवेश करने के लिए लोगों में मार्क से मिलने की होड़ लगने लगी। यह वह समय था, जब लगभग प्रत्येक कंपनी का प्रतिनिधि मार्क से मिलने के लिए उतावला हुआ जा रहा था और उसकी कंपनी में निवेश करना चाह रहा था। 'द फेसबुक' सिलिकॉन वैली से बाहर निकलकर समूचे देश में फैलता जा रहा था। क्रिस ह्यूजेस की प्रेमिका ओलिविया मा, जो कि यूट्यूब की समाचार प्रबंधक थी, के पिता क्रिस्टोफर मा एक कंपनी के अधिग्रहण व निवेश मामले के वरिष्ठ प्रबंधक थे। उस कंपनी का नाम था 'वाशिंगटन पोस्ट कंपनी', जो ऑनलाइन मीडिया के क्षेत्र में कार्यरत थी। क्रिस्टोफर मार्क की आदर्शवादी सोच से काफी प्रभावित थे और 'द फेसबुक' को भी काफी अच्छी तरह से जानते थे। उन्होंने मार्क से 'द फेसबुक' में निवेश की इच्छा जताई। पहले तो मार्क की ओर से उन्हें कोई स्पष्ट जवाब नहीं मिला, किंतु कुछ दिनों बाद मार्क ने उन्हें फोन किया और 'द फेसबुक' में निवेश की संभावनाओं पर चर्चा करने के लिए उनसे मुलाकात का समय माँगा।

मार्क व पार्कर उनसे मुलाकात के लिए वाशिंगटन पहुँचे। क्रिस्टोफर ने अपने पदाधिकारियों सहित उनका दिल से स्वागत किया। इस मुलाकात में सबसे महत्त्वपूर्ण बात यह थी कि क्रिस्टोफर ने अपनी कंपनी के मुख्य कार्यकारी अधिकारी व चेयरमैन (CEO & Chairman) डोनाल्ड एडवर्ड ग्राहम को भी मार्क से मिलवाने के लिए बुलाया हुआ था। उन्होंने ग्राहम से मार्क की काफी तरीफ की थी और ग्राहम स्वयं भी मार्क से मिलना चाहता था, क्योंकि वह भी कभी हार्वर्ड का छात्र था और हार्वर्ड क्रिमसन का अध्यक्ष भी रह चुका था। औपचारिकताओं

के बाद ग्राहम ने मार्क के सामने 'द फेसबुक' में लंबे समय तक निवेश करने का विचार रखा। उसने मार्क को यह भी समझाया कि यदि वह 'द फेसबुक' के लिए ऐसा निवेशक चाहता था, जो उद्यमी पूँजीपति न हो तथा उस पर आम पूँजीपतियों की तरह लाभ कमाने का दबाव न बनाए तो उसे 'वाशिंगटन पोस्ट कंपनी' जैसे निवेशक को चुनना चाहिए। मार्क भी किसी ऐसे ही निवेशक की तलाश में था। ग्राहम के दोस्ताना व्यवहार और दूरगामी सोच से मार्क काफी प्रभावित हुआ और मन-ही-मन यह सोचकर खुश हो रहा था कि जब ग्राहम जैसा व्यक्ति, वाशिंगटन पोस्ट कंपनी का मालिक 'द फेसबुक' में निवेश करेगा तो उसकी अपनी हैसियत भी कितनी बढ़ जाएगी। मार्क ने बिना एक भी क्षण गँवाए सम्मानपूर्वक उसके प्रस्ताव को मान लिया और आगे की काररवाई करने की तैयारियाँ शुरू कर दीं।

इसी दौरान कई अन्य निवेशकों ने भी मार्क की कंपनी में निवेश के इरादे से प्रस्ताव भेजे; लेकिन मार्क ने अपनी सोच पहले की तरह सटीक रखी। वह हर किसी को अपनी कंपनी में नहीं मिलाना चाहता था। अत: उसने इसकी जिम्मेदारी भी पीटर को दे दी कि वह निवेश के लिए उपयुक्त निवेशकों का चुनाव करे। इसी दौरान 'सिकोइया कैपिटल' भी द फेसबुक में हिस्सेदार बनना चाह रही थी। यह वही कंपनी थी, जिसने कभी पार्कर के साथ धोखाधड़ी की थी और उसे कहीं का भी नहीं छोड़ा था। कंपनी के एक साझेदार मोरित्ज ने चालाकी से पीटर का सबकुछ छीन लिया था और उस कंपनी, जिसका संस्थापक स्वयं पीटर था, का मालिक बन बैठा था। आज वही शख्स द फेसबुक में निवेश के लिए हांथ-पैर मार रहा था। उसने रोएल्फ बोथा नाम के अपने एक साझेदार को मार्क व पीटर से मुलाकात करने के लिए भेजा। पार्कर अपने अपमान का बदला लेना चाहता था और उसने बोथा को छकाने की योजना बनाई। मुलाकात के दिन दोनों देर तक सोते रहे और बहुत देर बाद वहाँ पहुँचे तो उन्होंने बोथा का मजाक उड़ाया और उसे बेइज्जत भी किया। हालाँकि बाद में मार्क ने इस बात पर अफसोस जाहिर करते हुए कहा था, ''मैं मानता हूँ कि हमने बोथा का अपमान किया और मुझे बहुत बुरा लग रहा है। वे लोग कुछ अच्छी चीजों की कोशिश कर रहे थे और गंभीर थे, लेकिन हमने उनका समय बरबाद किया। यह कोई ऐसी घटना नहीं है, जिस पर मुझे गर्व होना चाहिए।''

इधर 'द फेसबुक' में निवेशकों की होड़ लगी हुई थी, उधर कंपनी को अपनी सेवा को सुचारु रूप से चलाने के लिए फिर से पैसों की जरूरत पड़ी। एक बार फिर से वेर्डेगर के सामने 3 लाख डॉलर के ऋण की माँग की गई। हालाँकि इस

बार वेर्डेकर को यह काम थोड़ा जोखिम भरा लगा; किंतु पार्कर द्वारा निवेशकों की होड़ के बारे में बताने से उसे यकीन हो गया कि 'द फेसबुक' वह जहाज है, जो कभी डूबने वाला नहीं है। अतः उसने 3 लाख डॉलर के अतिरिक्त ऋण की राशि के प्रस्ताव को अपनी मंजूरी दे दी।

"मुझे लगता है कि मुझको देखकर लोगों के मन में काफी तरह की कल्पनाएँ हैं। फेसबुक की असली कहानी के लिए मैंने काफी मेहनत की है। वह शायद आपको उबाऊ लगे। हम सिर्फ छह वर्ष के लिए कंप्यूटर पर बैठ गए और कोड बनाए।"

□

'द फेसबुक' के खरीदार

'वाशिंगटन पोस्ट कंपनी' से मुलाकात के बाद बाजार में यह बात तेजी से फैल गई कि 'द फेसबुक' नए निवेशकों की तलाश में है। पार्कर ने अपने मित्र-सलाहकारों के साथ मिलकर आकलन किया कि 'द फेसबुक' का न्यूनतम मूल्यांकन भी किया जाए तो वह 4 से 6 करोड़ डॉलर होता है। सबसे हैरतअंगेज व अजीब बात तो यह थी कि द फेसबुक के प्रतिनिधियों के पास कंपनी की सेवाओं का आकलन करने के लिए पार्कर की छह पृष्ठोंवाली पॉवर पॉइंट स्लाइड के अलावा और कुछ भी नहीं था। कितने निवेशक तो ऐसे भी थे, जिन्होंने कभी 'द फेसबुक' को सीधा देखा तक नहीं था। मार्क ने विज्ञापनदाताओं की तरह निवेशकों के लिए 'द फेसबुक' पर जाने की कोई व्यवस्था नहीं की थी। यदि उन्हें 'द फेसबुक' पर जाना होता था तो उन्हें किसी ऐसे व्यक्ति की सहायता लेनी होती थी, जिसका 'द फेसबुक' पर अकाउंट हो। निवेशक अपने आस-पास किसी-न-किसी ऐसे व्यक्तियों की तलाश करने में लग गए, जो 'द फेसबुक' से जुड़े हों, ताकि उन्हें भी पता लग जाए कि यह अन्य सोशल नेटवर्किंग वेबसाइटों से किस प्रकार भिन्न है। निवेशक यह जानकर भी हैरान थे कि 'द फेसबुक' पर एक-एक यूजर असली है और उसकी सदस्यता क्या मायने रखती थी।

वाशिंगटन पोस्ट कंपनी से बातचीत का सिलसिला अभी चल ही रहा था कि 'द फेसबुक' को 7.50 करोड़ डॉलर में खरीदने का अद्भुत प्रस्ताव आ गया। यह प्रस्ताव मार्च 2005 में वियाकॉम Viocam नाम की एक कंपनी की तरफ से आया था, जो अपने एम.टी.वी. नेटवर्क के साथ 'द फेसबुक' को जोड़ने की इच्छा रखती थी। यह एक चौंका देनेवाली घटना थी, जिसने मार्क, पार्कर व बाकी सभी सदस्यों को हिलाकर रख दिया। वियाकॉम 7.50 करोड़ डॉलर में पूरी कंपनी खरीदना चाहती थी। कहाँ तो मार्क व पार्कर ने इसका मूल्यांकन मात्र 4 से 6

करोड़ डॉलर आँका था और वियाकॉम की ओर से सीधे 1.50 से 2 करोड़ डॉलर अधिक का प्रस्ताव! प्रस्ताव ऐसा था कि कोई और होता तो इतनी बड़ी रकम देखकर एक मिनट की भी देर न करता और तुरंत ही स्वीकार कर लेता; लेकिन मार्क, जी हाँ, कोई यूँ ही मार्क जुकरबर्ग नहीं बन जाता। देखे हुए सपने को बेच देना या फिर उस सपने को पूरा करना—दोनो बातों में बहुत फर्क होता है। मार्क अपना सपना बेचना नहीं चाहते थे। वे उसे उस मुकाम तक ले जाना चाहते थे, जो उन्होंने 'द फेसबुक' के लिए सोच रखा था। मार्क जानते थे कि वियाकॉम न तो उस प्रकार की गुणवत्ता से भरपूर सेवा दे सकती है और न ही यूजर्स को संतुष्ट कर सकती है। यहीं से उनकी सूझ-बूझ, आत्मसंतोष व व्यावहारिकता का पता चलता है कि वे अपने सपने को बेचकर अपने यूजर्स के साथ धोखा नहीं करना चाहते थे। नतीजतन, मार्क का आत्मविश्वास और भी बढ़ गया कि 'द फेसबुक' का असल मूल्यांकन उनकी सोच व अनुमान से कहीं अधिक था, जिसे वे स्वयं भी आँकने में असफल थे।

वियाकॉम के प्रस्ताव को ठुकराने के बाद मार्च 2005 के अंतिम दिनों में वाशिंगटन पोस्ट कंपनी द्वारा अपने प्रस्तावित सौदे को अंतिम रूप दे दिया गया और कंपनी ने अंतिम नियम पत्रक (Term Sheet) में 10 प्रतिशत हिस्सेदारी के लिए 60 लाख डॉलर के निवेश का प्रस्ताव दिया, जिसे देखकर मार्क व उनके साथी भौचक्के रह गए। मार्क व पार्कर ने वाशिंगटन पोस्ट कंपनी की ओर से 5 करोड़ डॉलर के मूल्यांकन की उम्मीद की थी; लेकिन यह प्रस्ताव उनकी उम्मीद से पूरे 1 करोड़ डॉलर अधिक था और वियाकॉम के खरीद के प्रस्ताव से मात्र 1.50 करोड़ डॉलर कम। इतने बड़े सौदे ने उनकी सारी मुश्किलें आसान कर दी थीं और सबसे बड़ी बात यह थी कि 'द फेसबुक' उस कंपनी से जुड़ने जा रही थी, जिसके मालिक ग्राहम अमेरिका के सबसे प्रभावशाली घराने से संबंध रखते थे।

कामयाबी हमेशा प्रतिभाशाली व्यक्तियों का साथ देती है। इसे विधाता का चमत्कार कहें या कुदरत का करिश्मा, मार्क जैसे महारथी का इतने बड़े प्रस्ताव को मिनटों में ठुकरा देना इस बात का संकेत था कि 'द फेसबुक' को अभी और भी आगे जाना था और वह यह बात अच्छी तरह से जानते थे। मार्क की दूरदर्शिता, प्रतिभा, उद्यमशीलता व कारोबारी बुद्धि को कम नहीं आँका जा सकता; लेकिन अभी ग्राहम जैसे 'एक सेर' के प्रस्ताव पर 'सवा सेर' का प्रस्ताव आना बाकी था और यह प्रस्ताव आया 'जिम ब्रेयर' (Jim Breyer) नामक व्यक्ति की ओर से, जिसे किसी भी रूप में ग्राहम से कम नहीं माना जा सकता था। पूँजीपतियों में

वह एक विशेष स्थान रखता था। जिम ब्रेयर सिलिकॉन वैली की बहुचर्चित पूँजी कंपनी एसेल पार्टनर्स Essel Partners से संबंध रखता था। वह इस कंपनी का सह-प्रबंधन भागीदार (Co-Managing Partner) था।

कहा जाता है कि वर्ष 2001-02 के दौरान कंपनी की हालत काफी नाजुक हो गई थी, लेकिन वर्ष 2004 के अंत तक आते-आते यह एक बार पुनः उड़ान भरने लगी। अपने पुराने निवेशकों से 40 करोड़ डॉलर की निधि एकत्रित करने के बाद जिम ब्रेयर सिलिकॉन वैली में बड़ी निवेश संभावनाओं की तलाश कर रहा था। जिम ने अपने एक सहयोगी एफ्रुसी को इस कार्य में लगाया कि किस कार्य में विस्तार की अधिक संभावना थी। इंटरनेट के कारण तेजी से बढ़ती हुई सोशल नेटवर्किंग वेबसाइटों में अच्छी संभावनाएँ देखने को मिल रही थीं। दिसंबर 2004 में एसेल पार्टनर्स के लिए अनुबंध अनुसंधान (Contract Research) कर रहे एक छात्रा ने एफ्रुसी को 'द फेसबुक' के बारे में बताया। उसने 'द फेसबुक' के बारे में कारोबारी संभावनाओं का आकलन शुरू कर दिया और इस नतीजे पर पहुँचा कि यही वह कंपनी है, जिसमें बेहतर विस्तार की उम्मीद है। उसने पार्कर को फोन करके निवेश के बारे में चर्चा करने के लिए समय माँगा। पार्कर ने उससे बात करने के लिए मना कर दिया। इसके बाद भी उसने कई बार पार्कर को इ-मेल व फोन के माध्यम से संपर्क करने की कोशिश की, लेकिन पार्कर की तरफ से कोई जवाब नहीं आया।

वह जानता था कि एसेल पार्टनर्स में अब पहले जैसी कोई बात नहीं है, अतः वह एफ्रुसी को टाल रहा था; लेकिन वह इस बात से अनजान था कि एसेल पार्टनर्स एक नए जोश के साथ बाजार में उतर रहे हैं और अच्छी निवेश संभावनाओं की तलाश में हैं। उसने एफ्रुसी से मुलाकात करने के लिए उसे अपने कार्यालय बुलाया। उचित समय पर जब वह 'द फेसबुक' के कार्यालय पहुँचा तो पार्कर वहाँ उपस्थित नहीं था। वहाँ उसकी मुलाकात कोहलर और मॉस्कोवित्ज से हुई। उन्होंने उसे पार्कर द्वारा तैयार की गई पॉवर पॉइंट स्लाइड्स के माध्यम से कारोबारी जानकारी दी। वैसे तो एफ्रुसी 'द फेसबुक' के बारे में पहले से ही काफी जानकारी एकत्रित कर चुका था, लेकिन फिर भी कुछ बिंदु ऐसे थे, जिन्हें देखकर वह काफी उत्साहित हुआ। थोड़ी ही देर में पार्कर व मार्क भी वहाँ आ गए। स्लाइड्स देखने तथा अन्य औपचारिकताओं के पश्चात् उन्होंने मार्क व पार्कर को एसेल पार्टनर्स के कार्यालय में आने का निमंत्रण दिया, ताकि वे निवेश संभावनाओं पर विचार-विमर्श कर सकें।

ब्रेयर इस मुलाकात को लेकर काफी उत्साहित था। इसका मतलब तो साफ था कि उसे भी 'द फेसबुक' में हिस्सा चाहिए था। मार्क व पार्कर समयानुसार एसेल पार्टनर्स के कार्यालय पहुँचे। पार्कर ने उन्हें अपनी वेबसाइट के बारे में जानकारी दी और जब ब्रेयर को पता चला कि 'द फेसबुक' मार्क जुकरबर्ग की कंपनी है तो वह भौंचक्का रह गया। उसने मार्क से कंपनी तथा परिवार संबंधी कई अन्य जानकारियाँ लेनी चाहीं, किंतु मार्क ने किसी भी बात का जवाब देने से साफ मना कर दिया। उसका इशारा पार्कर की ओर था कि वह जो करेगा, कंपनी की ओर से मान्य होगा। मुलाकात समाप्त होते ही उन दोनों ने वहाँ से विदा ली और उचित समय का इंतजार करने लगे। कुछ दिनों बाद जब एसेल पार्टनर्स की ओर से फोन आया तो पार्कर ने उनका प्रस्ताव मानने से साफ मना कर दिया और कहा कि वे वास्तव में उनसे जुड़ना चाहते हैं तो 10 करोड़ डॉलर के मूल्यांकन से कम बात न करें। ब्रेयर को यकीन हो गया कि यदि उसे 'द फेसबुक' से जुड़ना है तो उनके द्वारा माँगी गई रकम के आस-पास की रकम का प्रस्ताव ही मंजूरी दे सकता है। अत: उसने 7 करोड़ डॉलर निवेश पूर्व मूल्यांकन और 1 करोड़ डॉलर के नकद निवेश यानी कुल 8 करोड़ डॉलर के मूल्यांकन प्रस्ताव के दस्तावेज बनाकर मार्क के पास भिजवा दिए।

मार्क व पार्कर आश्चर्य में थे। उन्हें यकीन नहीं हो रहा था कि उनके सामने 8 करोड़ डॉलर के मूल्यांकन का प्रस्ताव पड़ा है। उन्हें अब इस बात की चिंता थी कि वे वाशिंगटन पोस्ट कंपनी से चल रही बातचीत का क्या करें? एक तरफ ग्राहम जैसा व्यक्ति, जो प्रबंधन अवधारणा में विश्वास रखता है और कभी भी मार्क के काम में दखलंदाजी नहीं करता। दूसरी ओर ब्रेयर जैसा व्यक्ति, जिसे पैसे के अलावा कुछ दिखाई नहीं देता। उन्हें लगा कि इन्हीं लोगों से भविष्य में काफी सहायता मिलने वाली है, क्योंकि वे सिलिकॉन वैली में अच्छी तरह से जाने जाते थे; लेकिन यह बात मार्क को अंदर-ही-अंदर परेशान किए जा रही थी कि वह ग्राहम जैसे सहज व्यक्ति से धोखा कैसे कर सकता है? उसने ग्राहम को फोन किया और अपनी सारी व्यथा कह सुनाई। ग्राहम इस प्रस्ताव के बारे में पहले से ही जानता था। जी हाँ, यह बात चौंकानेवाली अवश्य है, किंतु सत्य है। जब ब्रेयर ने पार्कर की ओर से 10 करोड़ डॉलर के मूल्यांकन का प्रस्ताव सुना तो उसने सोचा, क्यों न इस सौदे को साझेदारी से हाथ में लिया जाए। अत: ब्रेयर ने ग्राहम से 50-50 प्रतिशत पर इस सौदे पर काम करने की सलाह दी, लेकिन ग्राहम की ओर से इसे नामंजूरी दे दी गई।

ग्राहम जैसा प्रतिभावान् व्यक्ति मार्क की अवस्था अच्छी तरह से जानता था। वह दिल से मार्क की इज्जत करता था और उसके लिए दुआ करता था कि वह नौजवान खूब तरक्की करे और आनेवाले युवाओं के लिए एक मिसाल बनकर दिखाए। उसने मार्क को अपने प्रस्ताव से मुक्त कर दिया और कहा कि वह अपने मन पर किसी प्रकार का बोझ न ले। ग्राहम ने मार्क को इस सौदे को खुशी-खुशी स्वीकार करने का आग्रह किया और कुछ जरूरी सावधानियाँ व निर्देश भी दिए। ग्राहम के इस प्रकार के रवैए से मार्क के दिल में उसकी इज्जत और भी बढ़ गई।

अगले दिन मार्क ने ब्रेयर से मिलकर सौदे की बात शुरू की। मार्क ने उसे स्पष्ट शब्दों में कहा कि यह सौदा तभी पक्का हो सकता है, जब एसेल को मूल्यांकन की राशि 7 करोड़ डॉलर से बढ़ाकर 7.50 करोड़ डॉलर करनी होगी और ब्रेयर को 'द फेसबुक' में निदेशक मंडल (Board of Directors) में भी शामिल होना पड़ेगा। यदि वह इन शर्तों को नहीं मानता तो उन्हें एसेल का प्रस्ताव छोड़कर वाशिंगटन पोस्ट का प्रस्ताव स्वीकार करना पड़ेगा। ब्रेयर को 'द फेसबुक' की हिस्सेदारी में अधिक दिलचस्पी थी। वह कोई पद ग्रहण करके अपना समय बरबाद नहीं करना चाहता था, बल्कि 'द फेसबुक' में अपनी कंपनी की हिस्सेदारी बढ़ाकर 20 प्रतिशत करना चाहता था। 'द फेसबुक' को अब अधिक धन की आवश्यकता नहीं थी, अत: एसेल की हिस्सेदारी को 15 प्रतिशत की मंजूरी दे दी गई और 'द फेसबुक' के मूल्यांकन की राशि बढ़कर 9.80 करोड़ डॉलर हो गई।

सौदे को पूरा होने में कुछ समय लगा। पार्कर के अथक प्रयासों के फलस्वरूप द फेसबुक एक बड़ी कंपनी बनती जा रही थी। मात्र आठ महीने पूर्व जिस कंपनी का मूल्यांकन 49 लाख डॉलर था, अप्रैल 2005 में वही कंपनी 9.80 करोड़ डॉलर की हो गई थी। यह सिर्फ पार्कर के योगदान का ही नतीजा था, जिसे मार्क कभी नहीं भूल सकते और वे स्वयं मानते हैं कि पार्कर के रूप में उन्हें एक सच्चा मित्र, शागिर्द और साहसी व उद्यमी मार्गदर्शक मिला, जो अपनी कसौटी पर खरा उतरा।

यही नहीं, द फेसबुक विश्व की कई बड़ी जानी-मानी कंपनियों की आँखों में भी खटक रही थी। इनमें से कुछ कंपनियाँ इसमें निवेश करना चाहती थीं तो कुछ इसे खरीदना चाहती थीं। वर्ष 2006 में याहू ने फेसबुक को खरीदने के लिए 1 अरब अमेरिकी डॉलर की पेशकश की। यह अपने आप में एक बहुत बड़ी रकम थी और शायद मार्क के स्थान पर कोई भी नौजवान पलक झपकते ही इस प्रस्ताव को मान लेता और 1 अरब अमेरिकी डॉलर लेकर किनारा कर लेता; परंतु यहाँ बात डॉलर की नहीं थी, यूजर्स की थी। मार्क को यूजर्स पसंद थे, न कि

डॉलर्स। अतः उन्होंने एक झटके में यह प्रस्ताव ठुकरा दिया। याहू के सी.ई.ओ. टेरी सेमल (Terry Semel) ने एक ब्यान में कहा था—

"मैंने अपने जीवन में आज तक 23 वर्ष के किसी ऐसे नौजवान को नहीं देखा, जो 1 अरब डॉलर के प्रस्ताव को पलक झपकते ही ठोकर मार दे।"

उस समय अमेरिका की एक विख्यात आई.टी. मैगजीन के कवर पेज पर भी इस खबर को रोचक ढंग से प्रस्तुत किया गया था—

"एक बच्चा, जिसने 1 अरब की डील को ठोकर मार दी।"

"जब सभी लोग इंटरनेट से जुड़ जाएँगे तो हमारे व्यापार और अर्थव्यवस्था को काफी लाभ मिलेगा।"

□

'द फेसबुक' से 'फेसबुक'

कुछ ही महीनों की मेहनत के दौरान सीन पार्कर ने यह साबित कर दिया कि वह 'द फेसबुक' का वह मोहरा था, जिसकी चाल कभी मात नहीं खाती थी। उसके प्रयासों के फलस्वरूप ही द फेसबुक को सिलिकॉन वैली की सबसे महत्त्वपूर्ण कंपनी माना जाने लगा। जैसा कि पहले भी बताया जा चुका है कि पार्कर को द फेसबुक का 'द' शुरू से ही पसंद नहीं था। वह नहीं चाहता था कि कंपनी का नाम 'द फेसबुक' हो। अत: इस दिशा में भी कदम बढ़ने शुरू हो गए और 'फेसबुक डॉट कॉम' के नाम से डोमेन खरीदा गया, जिसके लिए मार्क ने 2 लाख अमेरिकी डॉलर चुकाए। इस नाम के साथ मार्क ने इस वेबसाइट की कायापलट ही बदलकर रख दी और 20 सितंबर, 2005 को इसका नाम 'द फेसबुक' के बदले 'फेसबुक' रख दिया। यह एक छोटा सा नाम है और आसानी से लोगों को याद रहता है। 'फेसबुक' नाम की नई वेबसाइट का सारा कार्य पार्कर की देखरेख में ही संपन्न हुआ और तब से लेकर आज तक यह 'फेसबुक' के नाम से ही प्रचलित है।

''हम बातें करने से अधिक अपनी सेवाओं को बेहतर बनाने में अधिक ध्यान देते हैं।''

□

सीन पार्कर की विदाई

'द फेसबुक' से नए रूप में विकसित की गई कंपनी 'फेसबुक' में कुछ विशेष अंतर नहीं था। इस कंपनी की ब्रांड छवि की पुनर्स्थापना के अध्यक्ष के रूप में यह पार्कर का अंतिम कार्य था, जिसे पार्कर स्वयं भी नहीं जानता था। अगस्त माह में वह कुछ दिनों के लिए अपनी नाबालिग प्रेमिका व मित्रों के साथ घूमने-फिरने के लिए कैरोलीना के समुद्री तट पर गया। वहाँ उन्होंने एक मकान भी किराए पर लिया और अपनी छुट्टियाँ मजे से बिताने लगे। दूसरी रात उनका जश्न इतना बड़ा हो गया कि आस-पास से काफी संख्या में लोग उनके उस जश्न में शामिल होने के लिए आ पहुँचे। तीसरे दिन अचानक वहाँ पुलिस ने छापा मार दिया। पार्कर और उसके मित्रों ने जिस मकान को किराए पर लिया था, पुलिस के पास उस मकान की तलाशी लेने का सर्च वारंट था, क्योंकि उन्हें उक्त मकान में हिरोइन, गाँजा व अन्य नशीले पदार्थों की मौजूदगी की सूचना मिली थी। मकान की तलाशी के दौरान पुलिस को वहाँ नशीले पदार्थ मिले और किराएदार होने के नाते पार्कर को गिरफ्तार कर लिया गया; लेकिन पूछताछ के बाद वह निर्दोष पाया गया और पुलिस ने उसे छोड़ दिया।

पार्कर इस घटना से काफी सहम गया था और उसने फेसबुक के सभी कर्मचारियों को यह विश्वास दिलाया कि उसने कोई गलत काम नहीं किया है। मार्क ने कंपनी की ओर से उस पर किसी प्रकार की काररवाई नहीं की, लेकिन कंपनी के निदेशक होने के नाते उन्होंने इसकी सूचना एसेल पार्टनर्स के जिम ब्रेयर को अवश्य दी। उन्होंने पार्कर के पास से नशीले पदार्थ बरामद होने की बात को नजरअंदाज कर दिया, लेकिन नाबालिग लड़की को अपने साथ रखने के मामले को काफी गंभीरता से लिया और प्लाक्सो द्वारा मामले की गहराई तक गए। उन्हें पार्कर के चाल-चलन के बारे में पता चल गया कि वह नशाखोरी और लड़कीबाजी जैसे

कई संगीन मामलों में संलिप्त रहा है। अतः ब्रेयर ने पार्कर के खिलाफ फेसबुक की तरफ से कड़ी काररवाई करना आवश्यक बताया।

हालाँकि मार्क ऐसा नहीं चाहता था। वह तो पार्कर का अहसानमंद था कि पार्कर जैसे दिग्गज ने किस प्रकार कंपनी को ऊँचा उठाया और सफलता के मुकाम पर ला खड़ा किया, लेकिन मार्क पर बढ़ते मनोवैज्ञानिक दबाव के कारण यह मामला गरम होता चला गया। मार्क की हालत ऐसी थी जैसे वह बीच मझदार में लटक रहा हो। एक ओर उसका प्रिय मित्र पार्कर था और दूसरी ओर कंपनी के अन्य सदस्यों की ओर से उस पर काररवाई करने का बढ़ता हुआ दबाव। ऐसे में पीटर थिएल ने पार्कर को समझाया कि वह मामले की गंभीरता को समझे और कंपनी के भविष्य के लिए रास्ते से हट जाए। बात पार्कर के भी दिमाग में बैठ गई और उसे कम-से-कम इस बात की खुशी थी कि ऐसी परिस्थिति में उसका मित्र मार्क जुकरबर्ग उसके साथ था। अंत में उसने मार्क को अपने अध्यक्ष पद से हट जाने का फैसला सुनाया और फेसबुक छोड़कर विदा ले ली।

"कम आयु के लोग तेजी से सफलता की सीढ़ियाँ चढ़ते जा रहे हैं। ऐसे में हमारे पास यह अवसर है कि हम अपने जीवित रहते समाज को बहुत कुछ लौटा सकते हैं।"

□

फेसबुक फोटो : एक नया कदम

'द फेसबुक' से 'फेसबुक' में बदलने के एक माह के अंदर ही कंपनी ने अपने यूजर्स के लिए एक नई सुविधा का आरंभ किया, जिसे 'फेसबुक फोटो' का नाम दिया गया। इस सुविधा के आरंभ होने से पहले यूजर केवल अपनी एक ही फोटो फेसबुक पर दे सकता था, जिसे 'प्रोफाइल पिक्चर' के नाम से जाना जाता है। यूजर्स अपनी प्रोफाइल पिक्चर भी लगातार बदलते रहते, यहाँ तक कि कई यूजर्स तो इसे दिन में कई-कई बार बदलते। इसका साफ मतलब था कि उन्हें फेसबुक पर तसवीरें डालना पसंद था और वे चाहते थे कि उन तसवीरों को दूसरे भी देखें तथा उन पर अपनी टिप्पणियाँ करें; लेकिन ऐसी सुविधा को प्रयोग में लाना काफी बड़ा कार्य था, जिसके लिए बड़े स्तर पर नेटवर्क की आवश्यकता थी। फेसबुक पर एक साथ फोटो सेवा को एकीकृत करने का मतलब साफ था—मौजूदा नेटवर्क के साथ खिलवाड़ करना; लेकिन यह एक चुनौती भरा काम होता जा रहा था और इसकी अनिवार्यता को देखते हुए मार्क इसे जल्द-से-जल्द लागू करना चाहते थे।

चूँकि उसी समय इंटरनेट पर तसवीरें डालने का कारोबार तेजी से फैलना शुरू हो गया था और वर्ष 2005 में याहू द्वारा 'फ्लिकर' द्वारा फोटो सेवा के अधिग्रहण के बाद तो इसमें क्रांति ही आ गई थी। ऐसे में फेसबुक की प्रतिभाओं ने तेजी से कार्य करना शुरू कर दिया, जिसमें 'आरोन सिट्टीग' नामक डिजाइनर ने फेसबुक की ओर से विशेष भूमिका निभाई। कुछ समय की मेहनत से उन्होंने वह तकनीक विकसित की, जिसका फेसबुक को इंतजार था। यह पारंपरिक तकनीक पर आधारित होते हुए भी फेसबुक की जरूरतों के हिसाब से सही थी, जिसमें अनगिनत संख्या में तसवीरें डालने, उन्हें इंटरनेट पर सहेजने और दूसरे यूजर्स द्वारा उन पर टिप्पणियाँ करने के लिए सक्षम बनाया गया। एक मामले में यह सेवा अन्य सेवाओं से बिल्कुल भिन्न थी कि इसमें तसवीर को सिर्फ एक ही तरीके से टैग किया जा सकता था—उसमें

दिखने वाले किसी यूजर को या व्यक्ति-समूह के असली नाम को। ऐसी सेवा इससे पहले किसी नेटवर्क कंपनी ने नहीं दी।

सबसे बड़ा फायदा तो यह था कि यूजर्स द्वारा फेसबुक पर डाली गई तसवीरों को वे एक एलबम की तरह इस्तेमाल करते थे और जब चाहे, उसे देख सकते थे तथा उसमें और तसवीरें भी डाल सकते थे। मोबाइल फोन में अच्छी किस्म के कैमरों की सुविधा तथा डिजिटल कैमरों के आ जाने से लोगों को तसवीरें डालना और भी आसान होता गया। न प्रिंट करने का झंझट और न ही उन्हें एलबम में सहेजने की मेहनत, जो कुछ समय बाद घरों में फट जाने या खराब हो जाने पर किसी पलंग के बॉक्स या फिर यहाँ-वहाँ पड़ी रहती है। यूजर्स द्वारा कंप्यूटरों में डाली गई तसवीरों को तेजी से फेसबुक में डाला जाने लगा और वे बेधड़क इसका मजा लेने लगे।

"जोखिम न लेना ही सबसे बड़ा जोखिम है।"

□

एम.टी.वी. द्वारा प्रस्ताव

युवाओं को तेजी से अपनी ओर आकर्षित करता फेसबुक अब न केवल विश्वविद्यालयों या महाविद्यालयों तक ही तक सीमित था, बल्कि समस्त अमेरिका में इसके चर्चे होने लगे। न्यूयॉर्क सहित कई बड़े शहरों में स्थित मीडिया कंपनियाँ भी इसकी ओर आकर्षित होने लगीं। वियाकॉज जैसी दिग्गज कंपनी पहले भी फेसबुक के लिए हाथ-पैर मार चुकी थी, जिसे मार्क से स्पष्ट रूप से मना कर दिया था। चूँकि एम.टी.वी. को युवा वर्ग द्वारा ही सबसे अधिक पसंद किया जाता था, अत: ऐसे में कंपनी को एक बार फिर से यह चिंता सताने लगी कि फेसबुक पर यूजर्स द्वारा फोटो डाले जाने की सुविधा के आ जाने से युवा वर्ग फेसबुक की ओर अधिक आकर्षित होना शुरू हो गया। मामला प्रतिस्पर्धा का था और वियाकॉम किसी भी दशा में फेसबुक से पीछे नहीं रहना चाहती थी। उनका कारोबार इससे काफी प्रभावित होना शुरू हो गया। वैसे भी, माईस्पेस का न्यूज कॉरपोरेशन द्वारा अधिग्रहण कर लिये जाने के बाद से नेटवर्किंग साइटों का बाजार गरम हो रहा था। ऐसे में उन्हें फेसबुक ही एकमात्र सहारा दिखाई दे रहा था।

एम.टी.वी. की ओर से एक बार फिर फेसबुक के साथ जुड़ने का प्रस्ताव भेजा गया। कोहलर को दिए गए संदेश में कहा गया कि एम.टी.वी. और फेसबुक आपसी व्यापारिक संबंधों के विषय में एक बार फिर से बातचीत करना चाहते हैं। कोहलर ने भी जवाब भिजवा दिया कि फेसबुक की ओर से मार्क जुकरबर्ग केवल सी.ई.ओ. स्तर की बातचीत चाहते हैं। वियाकॉम के सी.ई.ओ. टॉम ने मुलाकात के लिए मंजूरी दे दी, जिसके पश्चात् मार्क व कोहलर न्यूयॉर्क के लिए रवाना हो गए। वियाकॉम की ओर से फेसबुक के यूजर्स के लिए कई प्रस्तावों की व्याख्या की गई। उनकी ओर से यह भी सुझाव दिया गया कि फेसबुक के यूजर्स की बढ़ती हुई संख्या को देखते हुए एम.टी.वी. काफी मात्रा में सामग्री जुटा सकता है और

उनकी मदद कर सकता है। उन्होंने यह भी आश्वासन दिया कि उनका चैनल वयस्क दर्शकों तक पहुँचने में भी फेसबुक की सहायता कर सकता है; लेकिन मार्क ने दो-टूक जवाब में उनके सभी प्रस्ताव खारिज कर दिए और कहा कि फेसबुक को लेकर उनका मूल उद्देश्य केवल विद्यालय और महाविद्यालय ही हैं। यह मुलाकात केवल एक औपचारिक मुलाकात ही बनकर रह गई और मार्क ने उनसे विदा ली।

इधर फेसबुक के कर्मचारियों में भी यह बात फैलने लगी कि उनकी कंपनी बहुत जल्दी किसी बड़ी कंपनी द्वारा खरीद ली जाएगी और जिसका फायदा उन्हें भी मिलने वाला है। याहू, वियाकॉम, माइक्रोसॉफ्ट की ओर से लगातार कोशिशें जारी रहीं और मार्क उनके प्रतिनिधियों से मिलते भी रहे; लेकिन वे किसी भी कीमत पर फेसबुक को बेचना नहीं चाहते थे। खरीदारों से मिलना तो केवल उनकी चालाकी थी; बल्कि व्यापार के क्षेत्र में यह कहा जाए कि 'कूटनीति' थी, जिसके द्वारा वे स्वयं को एक कुशल सी.ई.ओ. के रूप में प्रशिक्षित कर रहे थे। समय व हालात को देखते हुए उन्होंने सीन पार्कर जैसे महारथी को भले ही कंपनी से निकाल दिया हो, लेकिन वह अब भी अप्रत्यक्ष रूप से फेसबुक से जुड़ा हुआ था। मार्क ने कभी उसे अपने से अलग नहीं किया। वह समय-समय पर फेसबुक के सुनहरे भविष्य के लिए उनका मार्गदर्शन करता और अपनी राय देता।

इधर एम.टी.वी. ने अभी अपनी कोशिश समाप्त नहीं की। उसने लगातार मार्क से संबंध बनाए रखा। नवंबर 2005 में एम.टी.वी. के नए अध्यक्ष व सी.ओ.ओ. के रूप में माइकल जे. वुल्फ ने कार्यभार सँभाला और उन्होंने एक बार नए सिरे से फेसबुक से मेल-जोल बढ़ाना शुरू कर दिया, ताकि उनसे बातचीत के सिलसिले को जारी रखा जा सके। वुल्फ स्वयं जाकर फेसबुक के सी.ई.ओ. मार्क जुकरबर्ग से उनके कार्यालय में मिलना चाहते थे और देखना चाहते थे कि फेसबुक में ऐसा क्या है, जिसने युवाओं पर ऐसा जादू कर दिया है कि हर कोई इसका दीवाना होता जा रहा है। मार्क अपने चिर-परिचित अंदाज में उनसे मिले। उन्होंने अपनी पसंदीदा टीशर्ट, कैपरी और पैरों में फ्लोटर्स पहने हुए थे। बातचीत का दौर शुरू हुआ और बढ़ता गया। मार्क भी अब धीरे-धीरे शातिर होते जा रहे थे। वे किसी भी कीमत पर फेसबुक बेचना नहीं चाहते थे, जिसके बारे में उन्होंने वुल्फ को साफ तौर पर मना कर दिया था; लेकिन उन्होंने फिर भी बातों-ही-बातों में वुल्फ से पूछ लिया कि फेसबुक की कितनी कीमत दे सकते हैं। वुल्फ ने कुछ सोचते हुए कहा कि इस कंपनी का मूल्यांकन कम-से-कम 200 करोड़ डॉलर है। 200 करोड़! मात्र 7-8 महीनों में 9.8 करोड़ डॉलर की कंपनी का मूल्य 200 करोड़ डॉलर हो जाना

अपने आप में बहुत बड़ी उपलब्धि थी। वुल्फ को खाली हाथ लौटना पड़ा और मार्क को तो अभी न जाने और कितना ऊँचा जाना था।

कुछ समय पश्चात् वुल्फ ने एक बार फिर से मार्क के सामने अपना प्रस्ताव रखा और उसे बातचीत के लिए आमंत्रित किया। इस बार उसने बातचीत करने का नया तरीका निकाला। वह मार्क को प्राइवेट जेट में न्यूयॉर्क की सैर के लिए ले गया और दोनों के बीच लगभग पाँच घंटे की हवाई बातचीत हुई। मार्क ने भी यह सोचा कि इसी बहाने वह डॉब्स फेरी में अपने परिवार से मिल लेगा और कुछ दिन वहाँ बिता लेगा। अत: उसने उस मुलाकात की हामी भर दी। वुल्फ को पूरी उम्मीद थी कि वह इस बार मार्क को अपने जाल में फँसा लेगा और फेसबुक की खरीद के रास्ते में चली आ रही सारी रुकावटों को दूर कर देगा। उसने इस हवाई यात्रा का इंतजाम भी इसी उद्‍देश्य से किया था। वह यह भी चाहता था कि मार्क के साथ उसके संबंध अच्छे बनें और जैसा कि मार्क की आदत है कि वह कम बोलते हैं, उन्होंने स्वयं या फेसबुक के बारे में तो अधिक नहीं बताया, बल्कि वुल्फ से एम.टी.वी. के बारे में अधिक-से-अधिक जानकारी एकत्रित करनी चाही। वे यह जानना चाहते थे कि मीडिया कंपनियाँ किस प्रकार उपभोक्ताओं से पैसा वसूलती हैं? उनकी विज्ञापन दरें क्या हैं? वे अपना दर्शक वर्ग किस प्रकार बनाती हैं तथा कितने प्रतिशत लाभ कमाती हैं आदि। वुल्फ ने उसे बारीकी से समझाया कि एम.टी.वी. के माध्यम से फेसबुक प्रचार के कई तरीके अपना सकती है; लेकिन मार्क सिर्फ अपने काम की बातों पर ही ध्यान देते और बाकी बातों को अनसुना कर देते। जेट से उतरने के बाद वुल्फ ने मार्क को यह प्रस्ताव भी दिया कि यदि वह फेसबुक का एक छोटा सा हिस्सा उन्हें बेच देते हैं तो यह विमान उनका हो सकता है।

मार्क के माता-पिता हवाई अड्डे पर अपने पुत्र का इंतजार कर रहे थे। मार्क उनके साथ अपने घर रवाना हो गए और वुल्फ अपने कार्यालय। उसे पूरी उम्मीद थी कि इस बार मार्क उसके प्रस्ताव को अवश्य मंजूर कर लेगा और बहुत जल्द फेसबुक एम.टी.वी. के कब्जे में होगी; लेकिन इस बार फिर से मार्क ने उन्हें कोई जवाब नहीं दिया। वुल्फ ने अपनी भाग-दौड़ जारी रखी और इसी दौरान मार्क व उसमें घनिष्ठ मित्रता भी हो गई थी। उसे कई बार मार्क के आचरण व पहनावे को देखकर हैरानी होती थी। मामूली सी टीशर्ट, कैपरी और पैरों में सैंडिल या फ्लोटर्स मार्क का पसंदीदा पहनावा था। उसे किसी की परवाह नहीं थी कि लोग उसके बारे में क्या सोचते हैं। उसकी सोच तो यह कहती थी कि लोग उसे उसके काम से जानें, पहनावे से नहीं।

हवाई मुलाकात के बाद एम.टी.वी. की ओर से कोशिश जारी रही और अंत में वियाकॉम की ओर से मार्क को 1.50 अरब डॉलर में फेसबुक को खरीदने का प्रस्ताव भेजा गया। इसमें 51 प्रतिशत नकद और बाकी की राशि फेसबुक के भविष्य के कारोबार प्रदर्शन के आधार पर भुगतान की जाने की शर्त थी। यह फेसबुक के लिए अब तक का सबसे बड़ा प्रस्ताव था; लेकिन हमेशा की तरह मार्क ने अब भी कोई जवाब नहीं दिया। कई दिन बीत जाने पर भी जब मार्क की ओर से कोई जवाब नहीं आया तो वियाकॉम में खलबली मच गई कि आखिर मार्क के मन में क्या चल रहा है। उनकी ओर से जितनी कोशिशें की जातीं, सारी-की-सारी नाकाम होती जा रही थीं। मार्क जानता था कि फेसबुक का जाल तेजी से लोगों को अपनी गिरफ्त में लेता जा रहा है और इसमें कोई संदेह नहीं कि अब वह इस स्तर से नीचे नहीं आने वाला।

इधर याहू भी फेसबुक को खरीदने की कोशिश में थी। याहू के सी.ई.ओ. टेरी सेमेल ने नेटवर्किंग सेवाओं के क्षेत्र में फेसबुक को सबसे आगे भागते देखा तो उसे अधिगृहीत करने का मन बनाया; लेकिन वह वियाकॉम से सीधा मुकाबला नहीं करना चाहता था। गूगल के पास तो ऑरकुट का विकल्प मौजूद था, लेकिन याहू के पास इस प्रकार का कोई हथियार नहीं था। अतः भविष्य को देखते हुए याहू जैसी कंपनी के लिए यह आवश्यक हो गया था कि वह अपने लिए कोई विकल्प ढूँढ़े। याहू की कोशिशें भी बढ़ती जा रही थीं और मार्क के साथ टेरी सेमेल के संबंध भी घनिष्ठ होते जा रहे थे। याहू की ओर से 1 अरब डॉलर का प्रस्ताव आया और इससे संबंधित कई बैठकों का आयोजन भी होता गया। बातचीत का दौर अंतिम रूपरेखा तक पहुँच चुका था। याहू की ओर से अधिग्रहण का नियम पत्रक भी फेसबुक को भेजा जा चुका था। इसी दौरान जुलाई 2006 में याहू द्वारा चालू वित्त वर्ष की दूसरी तिमाही का नतीजा घोषित किया गया, जिसमें राजस्व लगाए गए अनुमान के मुकाबले कम था। इसके अला।त्रा, याहू ने नए विज्ञावन सॉफ्टवेयर में भी देर होने की सूचना दी, जिससे उसके शेयर भाव गिर गए और याहू को गहरा झटका लगा। इस घटना ने फेसबुक का अधिग्रहण करने की याहू की योजना पर पानी फेर दिया।

लेकिन याहू ने अपनी कोशिश बंद नहीं की। टेरी सेमेल ने एक बार पुनः फेसबुक के अधिग्रहण का अभियान तेज कर दिया। इस दौरान क्रिस भी पॉलो आल्टो में आ चुका था और फेसबुक के जनसंपर्क विभाग को सँभाल रहा था। उसने मार्क को 'खुला इ-मेल पंजीकरण' को चालू करने से पहले गोपनीयता नियंत्रण संबंधी इंतजाम पुख्ता करने का सुझाव दिया, ताकि यूजर्स को वयस्कों

के आ जाने के कारण किसी प्रकार का नकारात्मक विचार न आ पाए। याहू के अधिग्रहण के प्रस्ताव को लेकर मार्क का दिमाग काफी उलझा हुआ था। याहू का शेयर बाजार भी पहले से काफी सँभलने लगा था और टेरी सेमेल ने एक नए जोश के साथ फेसबुक के सामने अपने पुराने 1 अरब डॉलर के प्रस्ताव से अधिक का प्रस्ताव मार्क के सामने रखा। निवेशक मंडल में याहू के इस प्रस्ताव की चर्चा की गई, जिसके बदले मार्क ने इस प्रस्ताव पर विचार करने का मन बनाया।

"अमेरिका की अर्थव्यवस्था की मुख्य समस्या फेसबुक नहीं, बल्कि अन्य देशों की वे रद्दी वेबसाइटें हैं, जो अमेरिका के बौद्धिक संपदा अधिकार की चोरी करती हैं।"

□

स्क्रेबुलोउस

स्क्रेबुलोउस नामक खेल की शुरुआत दो भाइयों ने की थी। उनके नाम हैं—रजत अग्रवाल व जयंत अग्रवाल। ये दोनों भाई कोलकाता के सेंट जेवियर्स कॉलेज के छात्र थे। इन दोनों भाइयों ने मिलकर 5 जुलाई, 2006 को कोलकाता में 'स्क्रेबुलोउस' नाम की एक कंपनी की स्थापना की और इस खेल को स्वतंत्र रूप से अपनी वेबसाइट पर खेलने के लिए चालू कर दिया। देखते-ही-देखते कुछ ही समय में हजारों लोग इस खेल से जुड़ते चले गए।

स्क्रेबुलोउस एक शब्द खेल था, जिसे ऑनलाइन खेला जाता था। यह खेल कोई बच्चों द्वारा खेला जानेवाला या हलके स्तर का खेल नहीं था, जिसे खेलने से लोगों का समय व्यर्थ जाता हो और वे मात्र समय बिताने के लिए ही इसे खेलते हों। यह एक दिमागी खेल था, जो बौद्धिक स्तर पर खेला जाता था। यह काफी हद तक अमेरिका में खेले जानेवाले एक खेल 'स्क्रेब्बल' जैसा था, जिसे हार्वर्ड के छात्र भी बड़े चाव से खेलते थे।

फेसबुक प्लेटफॉर्म की शुरुआत के समय इस वेबसाइट पर लगभग 20,000 पंजीकृत लोग सामूहिक रूप से इस खेल का आनंद ले रहे थे; लेकिन इसकी लोकप्रियता इतनी तेजी से बढ़ी कि अक्तूबर 2006 तक 'स्क्रेबुलोउस' का इस्तेमाल करनेवाले फेसबुक के यूजर्स की संख्या लगभग 8.40 लाख (न्यूयार्क टाइम्स के अनुसार) तक पहुँच गई। रोजाना तकरीबन 5 लाख लोग सामूहिक रूप से इस खेल में हिस्सा लेने लगे थे। 'पी.सी. वर्ल्ड' नामक पत्रिका ने इसे वर्ष 2008 के 100 सर्वश्रेष्ठ उत्पादों की सूची में 15वाँ स्थान दिया था।

रजत व जयंत ने फेसबुक एफ.पी.आई. के इस्तेमाल से एक अनुप्रयोग की रचना की, जिसके फलस्वरूप वर्ष 2007 के अंत तक स्क्रेबुलोउस को फेसबुक से जोड़ दिया गया। यह खेल फेसबुक के यूजर्स में अत्यधिक लोकप्रिय हो गया

और इसने एक सनसनी फैला दी। इस खेल की सबसे बड़ी विशेषता यह थी कि इसे कोई भी यूजर कभी भी खेल सकता था और कभी भी छोड़कर उसे दोबारा अपनी मरजी से पुनः वहीं से चालू कर सकता था, जहाँ उसने छोड़ा था। जल्द ही मार्क का ध्यान भी इस खेल की ओर गया। उस समय तक वह अपने दादा-दादी को फेसबुक पर अकाउंट खोलने के लिए राजी नहीं कर सका था; लेकिन उन्होंने केवल इस शर्त पर फेसबुक पर अकाउंट बनाया कि वे अपने पोते मार्क के साथ 'स्क्रेबुलोउस' खेलेंगे। इस खेल से परिचित होने के पश्चात् ही मार्क को यह अहसास हुआ कि इसके जरिए लाखों की संख्या में लोग अपनों से जुड़ रहे हैं।

'स्क्रेब्बल' अमेरिका की एक मल्टी नेशनल कंपनी हैस्ब्रो इनकॉरपोरेशन का व्यापारिक चिह्न था, जो खिलौने व बोर्ड गेम बनाती थी। जनवरी 2008 में हैस्ब्रो ने अग्रवाल बंधुओं से स्क्रेबुलोउस खरीदने की पेशकश की और उन्हें कथित तौर पर 1 करोड़ डॉलर का प्रस्ताव दिया। अग्रवाल बंधुओं ने इस पेशकश को ठुकराकर हैस्ब्रो से कई करोड़ डॉलर की माँग की। यही नहीं, साथ ही कई अन्य कंपनियाँ भी इसे खरीदने के लिए उन्हें प्रस्ताव दे रही थीं।

कुछ ही समय पश्चात् उन्होंने जनवरी 2008 में 'वर्डस्क्रैपर' नामक एक और शब्द-खेल फेसबुक पर जारी कर दिया। यह खेल उन्होंने स्क्रेबुलोउस के कानूनी विकल्प के रूप में जारी किया था। फरवरी 2008 में हैस्ब्रो ने फेसबुक को कानूनी तौर पर यह नोटिस दे दिया कि वह फेसबुक से स्क्रेबुलोउस का संचालन बंद कर दे; लेकिन इस खेल की लोकप्रियता को देखते हुए मार्क के लिए ऐसा करना नामुमकिन था, अतः उन्होंने इसे अनसुना कर दिया।

उसी समय खिलौना बनानेवाली एक अन्य दिग्गज कंपनी 'मैटेल इनकॉरपोरेशन' ने फेसबुक पर स्क्रेब्बल का आधिकारिक संस्करण जारी किया। मैटल के पास उत्तरी अमेरिका से बाहर स्क्रेब्बल का विश्व व्यापी बिक्री अधिकार था। जल्द ही स्क्रेबुलोउस के चाहनेवालों ने एक समूह का गठन कर लिया और देखते-ही-देखते 'स्क्रेबुलोउस बचाओ' नामक इस अभियान में लगभग 54 हजार लोग जुड़ गए। उन्होंने लोगों से अपील की कि वे मैटेल व हैस्ब्रो के उत्पाद इस्तेमाल न करें और 'स्क्रेबुलोउस' को कानूनी पचड़ों से दूर रखा जाए।

मार्क तो वैसे भी अपनी सनक के लिए जाने जाते हैं। वे भी कभी नहीं चाहते थे कि 'स्क्रेबुलोउस' को फेसबुक से हटाया जाए। जुलाई 2008 में हैस्ब्रो ने अग्रवाल बंधुओं एवं उनकी कंपनी आर.जे. सॉफ्टवेयर के खिलाफ अमेरिकी जिला न्यायालय में स्वत्वाधिकार व व्यापार चिह्न उल्लंघन का मुकदमा दायर किया। इसमें विश्व

बौद्धिक संपदा संगठन (World Intellectual Property Organization) की वर्ष 1996 की संधि के अंतर्गत पारित अमेरिकी स्वत्वाधिकार कानून-अंकीयकृत सहस्राब्दी स्वत्वाधिकार अधिनियम (Digital Millenium Copyright Act) का इस्तेमाल किया था। इस मुकदमे के परिणामस्वरूप 29 जुलाई, 2008 से फेसबुक से उत्तरी अमेरिका में स्क्रेबुलोउस का प्रसारण बंद हो गया, साथ ही इस सूचना के साथ बाकी दुनिया में इसका संचालन जारी रखने का वेब लिंक (Web link) भी प्रकाशित किया गया।

'स्क्रेबुलोउस' अत्यधिक विवादों में घिर चुका था। इसके एक माह पश्चात् अगस्त 2008 में फेसबुक को भारत के अलावा सभी स्थानों पर 'स्क्रेबुलोउस' का परिचालन निलंबित करना पड़ा। दिल्ली उच्च न्यायालय के फैसले के बाद अग्रवाल बंधुओं ने भी अपनी वेबसाइट 'स्क्रेबुलोउस' बंद कर दी, लेकिन हैस्ब्रो के स्क्रेब्बल से संबंधित स्वत्वाधिकार के दावों को खारिज कर दिया। अग्रवाल बंधुओं को किसी अन्य नाम से अपने शब्द-खेल को संचालित करने की अनुमति दी गई। उन्होंने 3 दिसंबर, 2008 को पूरे जोश के साथ इस शब्द-खेल को 'लेक्सुलोउस' (Lexulous) के नाम से दोबारा ऑनलाइन किया। हैस्ब्रो ने 20 दिसंबर, 2008 को अपना मुकदमा वापस ले लिया और 'लेक्सुलोउस' को वर्ष 2009 से फेसबुक पर चालू किया गया। इस समय 'लेक्सुलोउस' के फेसबुक संस्करण पर लाखों यूजर्स पंजीकृत हैं। इस खेल ने अपने अतीत के सभी रिकॉर्ड, यूजर्स के इ-मेल व अन्य जानकारियों सहित सभी तथ्यों को सुरक्षित रखा हुआ है।

> *"अगले सौ वर्षों में लोगों को केवल धकेलकर ही सूचना नहीं दी जाएगी, इसे करोड़ों लोगों के बीच शेयर किया जाएगा और फेसबुक इसका सबसे महत्त्वपूर्ण साधन बन सकता है।"*

□

माइक्रोसॉफ्ट का प्रस्ताव व निवेश

नए सत्र के शुरू होते ही अमेरिकी विश्वविद्यालयों का माहौल गरमाने लगा और इसके लिए मॉस्कोवित्ज ने काफी तैयारी पहले से ही की हुई थी। कुछ ही समय में लगभग 1,800 विश्वविद्यालयों व महाविद्यालयों को 'द फेसबुक' के साथ जोड़ दिया गया और कंपनी का नाम 'फेसबुक' होते ही अमेरिका के 85 प्रतिशत छात्र इसके यूजर्स बन चुके थे। एक बार फिर से मौजूदा कार्यालय छोटा पड़ने लगा और बहुत जल्द कंपनी का नया कार्यालय पॉलो आल्टो में ही यूनिवर्सिटी एवेन्यू नामक स्थान पर स्थानांतरित कर दिया गया। यह वह स्थान था, जहाँ बड़ी-बड़ी दिग्गज कंपनियों के कार्यालय थे, जिनमें गूगल, लॉजिटेक, पेपाल तथा एंड्रॉयड की मूल निर्माता कंपनी डेंजर आदि प्रमुख थे। अक्तूबर तक यूजर्स की संख्या 50 लाख का आँकड़ा पार कर गई। एक अनुमान के अनुसार, रोजाना औसत रूप से 20 हजार यूजर्स फेसबुक से जुड़ रहे थे। इसी दौरान मॉस्कोवित्ज ने अपने लिए एक नई बी.एम.डब्ल्यू. भी खरीद ली थी।

बाजार की गरमागरमी को देखते हुए यह खबर भी फैल गई कि अंतरराष्ट्रीय मीडिया महारथी रूपर्ट मर्डोक (Rupert Murdoch) की कंपनी न्यूज कारपोरेशन फेसबुक को खरीदने जा रही है। यह बात इसलिए भी बाजार में फैली कि कुछ समय पूर्व इसी कंपनी ने 'माईस्पेस' को भी 58 करोड़ डॉलर में खरीदा था, जिससे सोशल नेटवर्किंग साइट के बाजार में एकदम से उछाल आया था। मई 2006 तक इसके उपभोक्ताओं की संख्या 10 करोड़ हो गई थी, जबकि इस समय तक फेसबुक के साथ 90 लाख यूजर्स जुड़ चुके थे।

गूगल व न्यूज कॉरपोरेशन द्वारा नेटवर्किंग सेवाओं का बाजार उछलते देख एक और दिग्गज कंपनी माइक्रोसॉफ्ट भी इस लाइन में आ खड़ी हुई। वह भी 'माईस्पेस' जैसी किसी सोशल नेटवर्किंग सेवा प्रदान करनेवाली कंपनी को अधिगृहीत करना

चाहती थी। जब फेसबुक के सी.ओ.ओ. ओवेन नाटा ने उन्हें टटोला तो पता चला कि वह भी नेटवर्किंग के क्षेत्र में अपने पैर जमाना चाहती है। माइक्रोसॉफ्ट की ओर से यह प्रस्ताव आया कि फेसबुक की क्या शर्तें हैं। फेसबुक की ओर से माइक्रोसॉफ्ट के सम्मुख यह प्रस्ताव रखा गया कि माइक्रोसॉफ्ट अपने बिक्री नेटवर्क के साथ फेसबुक के बैनर विज्ञापन स्थानों को भी बेचे और प्रत्येक प्रकाशित विज्ञापन के लिए प्रति हजार अवलोकन लागत दर पर निश्चित राशि के भुगतान की जमानत दे। इसका दूसरा अर्थ यह था कि फेसबुक माइक्रोसॉफ्ट से ऐसा कार्य करवाना चाहती थी, जिसे वह स्वयं नहीं करना चाहती थी। इन शर्तों में थोड़े से बदलावों के अंतर्गत इस समझौते को हरी झंडी मिल गई और 22 अगस्त, 2006 को फेसबुक एवं माइक्रोसॉफ्ट के बीच बैनर विज्ञापन के सौदे का विधिवत् रूप से ऐलान कर दिया गया। माइक्रोसॉफ्ट के सहयोग से फेसबुक ने वर्ष 2006 में विज्ञापन राजस्व 5.20 करोड़ डॉलर कर दिया था और यही नहीं, माइक्रोसॉफ्ट ने अगले वर्ष के लिए भी फेसबुक को 10 करोड़ डॉलर के राजस्व की जमानत दी।

मार्क समझौते के मुताबिक माइक्रोसॉफ्ट को बैनर विज्ञापन तक ही सीमित रखना चाहते थे और उसके समानांतर उपयोगकर्ता-केंद्रित विज्ञापन आकर्षित करने में फेसबुक अभियान को तेज करना चाहते थे। उन्हें अंदाजा हो गया था कि निकट भविष्य में यूजर्स की भारी संख्या में बढ़ती हुई माँग के कारण अधिक राजस्व की आवश्यकता पड़ेगी। न्यूजफीड, इ-मेल पंजीकरण आदि की सफलताओं के बाद समय आ गया था कि वह बड़े मूल्यांकन पर चौथे चक्र का निवेश प्राप्त करें। उन्होंने इसकी चर्चा फेसबुक निदेशक मंडल से की, जिसे जिम ब्रेयर और पीटर थिएल ने तुरंत मान लिया।

ऐसे में फेसबुक के सी.ओ.ओ. वैन नाटा और नए सी.एफ.ओ. गिदोन यू ने बाजार का सर्वे किया। सर्वे के दौरान पता चला कि अब भी ऐसे निवेशक उपलब्ध हैं, जो फेसबुक का मूल्यांकन 10 अरब डॉलर तक करने को तैयार हैं और हिस्सेदारी खरीदने की प्रतीक्षा में बैठे हैं। जब उन्होंने इस बात की चर्चा मार्क से की तो उनकी आँखें खुली-की-खुली रह गईं, क्योंकि मार्क ने उन्हें अपनी कंपनी का उचित मूल्य 20 अरब डॉलर बताया। उन्होंने आपस में तय किया कि यदि कोई कंपनी 15 अरब डॉलर के मूल्यांकन पर भी निवेश को तैयार हो जाती है तो वे मार्क से बात करके उसे राजी कर लेंगे और उस कंपनी से समझौता कर लेंगे। 18 मई, 2007 को माइक्रोसॉफ्ट ने 6 अरब डॉलर में अंतरराष्ट्रीय डिजिटल विपणन सेवा व विज्ञापन कंपनी ए-क्वांटेटिव इनकॉरपोरेशन (A-Quantative

Incorporation) को अधिगृहीत किया। ए-क्वांटेटिव की सेवाओं को संगठित करने के लिए माइक्रोसॉफ्ट ने विज्ञापनदाता और प्रकाशक समाधान समूह की रचना की; क्योंकि उसे इतनी बड़ी रकम चुकाने के बाद विश्व स्तर पर विज्ञापन की आवश्यकता थी। ऐसे में फेसबुक से उत्तम स्थान कोई नहीं था। इसी बीच गूगल की ओर से निवेश का प्रस्ताव आ चुका था।

10 अक्तूबर, 2007 को मार्क जुकरबर्ग को गूगल ने अपने सबसे बड़े विज्ञापनदाताओं के वार्षिक समारोह में खास तौर से प्रमुख वक्ता के तौर पर आमंत्रित किया था। वहाँ गूगल निदेशक मंडल की बैठक भी हुई, जिसमें फेसबुक के साथ अंतरराष्ट्रीय विज्ञापन सौदे की बातचीत को आगे बढ़ाने की अनुमति मिल गई। हालाँकि गूगल की ओर से फेसबुक में विज्ञापन की रुचि को रहस्य ही रखा गया था, लेकिन गूगल अंतरराष्ट्रीय विज्ञापन सौदे के माध्यम से फेसबुक की सूचना-सामग्री के विशाल साम्राज्य के भीतर झाँकने की कोशिश कर रहा था। कहा जाता है कि गूगल समस्त पृथ्वी की सूचनाओं को सर्वसुलभ बनाने की कोशिश में है। उसका यह सपना तब तक पूरा नहीं हो सकता, जब तक फेसबुक उससे हाथ नहीं मिला लेती; लेकिन निकट भविष्य में इसके कोई आसार दिखाई नहीं देते, क्योंकि गूगल का विस्तार क्षेत्र अलग है और फेसबुक अपनी समानांतर दुनिया के विस्तार में मगन है। हालाँकि अंतरराष्ट्रीय विज्ञापन सौदे के अंतर्गत गूगल के प्रतिनिधि ने 15 अरब डॉलर का प्रस्ताव देकर फेसबुक को अधिगृहीत करना चाहा, लेकिन मार्क यहाँ फेसबुक बेचने नहीं, बल्कि विज्ञापन सौदे के लिए आए थे। अतः उन्होंने अपनी आदत के अनुसार गूगल को भी रूखा-सा जवाब दिया और उन्हें चलता किया। वैसे भी, उनका माइक्रोसॉफ्ट के साथ नया-नया रिश्ता बना था, जिसे वे किसी भी कीमत पर तोड़ना नहीं चाहते थे।

फेसबुक का अगला कदम स्थानीय विज्ञापन पर थोड़ा-बहुत परिवर्तन करना था। अमेरिका के कुल विज्ञापन स्थानों में से 15 प्रतिशत फेसबुक के प्रयोग के लिए छोड़ दिए जाने का प्रस्ताव था। बदले में माइक्रोसॉफ्ट ने एम.एस.एन. खोज इंजन को फेसबुक पर संचालित किए जाने की शर्त रखी। इस पर फेसबुक की ओर से यह शर्त रखी गई कि माइक्रोसॉफ्ट फेसबुक के ऊपर व नीचे के बाएँ हिस्से में कोई विज्ञापन प्रदर्शित नहीं करेगा और स्वयं को नीचे के दाएँ हिस्से तक ही सीमित रखेगा। माइक्रोसॉफ्ट ने न्यूनतम विज्ञापन प्रदर्शन की संख्या व जमानत राशि कम करने की बात कही तो फेसबुक ने प्रत्येक विज्ञापन बिक्री राजस्व में साझेदारी का प्रारूप पेश किया। अंत में माइक्रोसॉफ्ट को उनकी बात माननी पड़ी।

उसे 15 अरब डॉलर मूल्यांकन पर 24 करोड़ डॉलर में फेसबुक की 1.60 प्रतिशत हिस्सेदारी खरीदने के लिए राजी होना पड़ा। जब 24 अक्तूबर, 2007 को इस सौदे की घोषणा की गई तो इस खबर ने नेटवर्किंग बाजार को हिलाकर रख दिया। इस सौदे से माइक्रोसॉफ्ट के शेयरों में भी उछाल आया।

"फेसबुक को मूल रूप से एक कंपनी बनाने के लिए बनाया गया था। इसे एक सामाजिक मिशन को पूरा करने के लिए बनाया गया था, ताकि यह संसार आपस में संपर्क स्थापित कर सके।"

□

फेसबुक के लिए इ-मेल पंजीकरण

मार्क फेसबुक की सुविधा अधिक-से-अधिक लोगों तक पहुँचाना चाहते थे। वे चाहते थे कि विश्व के अधिक-से-अधिक लोग फेसबुक से जुड़ें और अपने विचारों का आदान-प्रदान करें। अत: उनकी यह दौड़ यहीं पर समाप्त नहीं हुई। उन्होंने 26 दिसंबर, 2006 को सार्वजनिक तौर पर यह घोषणा कर दी कि कोई भी ऐसा व्यक्ति, जिसकी उम्र 13 वर्ष है और वह एक वैध इ-मेल एड्रेस रखता है तो वह फेसबुक का यूजर बन सकता है। उनकी इस घोषणा के बाद फेसबुक यूजर्स में जैसे एक क्रांति-सी आ गई और प्रतिदिन के हिसाब से 50 हजार से भी अधिक लोग फेसबुक से जुड़ने लगे। देखते-ही-देखते फेसबुक की कायापलट हो गई और यूजर्स का आँकड़ा 1 करोड़ को पार कर गया।

इस सुविधा के अंतर्गतं यूजर्स प्रमुख इ-मेल सेवाओं, जैसे—जीमेल, याहू मेल, हॉट मेल व एओल आदि की सहायता से अपने इ-मेल अकाउंट को आसानी से फेसबुक पर उतार सकते थे। इससे कंपनी को सबसे बड़ा फायदा यह हुआ कि उन्हें पता चल गया कि कौन पहले से ही फेसबुक का यूजर है और किस इ-मेल अकाउंट से संबंध रखता है। इससे नए यूजर्स जोड़ने के लिए उन्हें निमंत्रण भेजना आसान हो गया और यही इ-मेल अकाउंट फेसबुक के खुले पंजीकरण का भी मूल आधार बन गया।

भारत में दिल्ली हाई कोर्ट ने भी 16 जुलाई, 2013 को इस साइट के मुख्य पेज पर यह चेतावनी जारी करने के लिए निर्देश दिए कि 13 वर्ष से कम उम्र के बच्चे यहाँ अपना अकाउंट नहीं खोल सकते। कोर्ट के कार्यकारी मुख्य जज बी.डी. अहमद और जज विभु बखारू की पीठ ने फेसबुक से 13 वर्ष से कम उम्र के बच्चों को अकाउंट खोलने की इजाजत नहीं देने के लिए कहा। फेसबुक की ओर से उपस्थित वरिष्ठ वकील पराग त्रिपाठी ने भी कोर्ट को आश्वासन दिया कि साइट

अपने मुख्य पेज पर 13 वर्ष से कम उम्र के बच्चों के खाता न खोलने से संबंधित चेतावनी जारी करेगी। कोर्ट ने केंद्र सरकार से यह भी बताने के लिए कहा कि बच्चों को ऑनलाइन सोशल नेटवर्किंग साइटों पर होनेवाली अभद्रता से बचाने के लिए उनके पास क्या कानून हैं ?

"मुझे लगता है कि लोग सदा अपने आपको प्रकट करने की इच्छा रखते हैं और यह खूबी उनमें हमेशा से उपस्थित रही है।"

□

न्यूज फीड

फेसबुक पंजीकरण की सेवा के साथ मार्क ने फेसबुक में 'न्यूज फीड' की सुविधा का भी श्रीगणेश किया। मार्क का मानना था कि फेसबुक पर लोगों के आने का मुख्य कारण अपने मित्रों की गतिविधियों की जानकारी प्राप्त करना था। मार्क चाहते थे कि फेसबुक यूजर्स को उनके मित्रों की सारी गतिविधियों के लिए एक स्थान मिल जाए, ताकि उन्हें प्रत्येक रूपरेखा को खोजने की आवश्यकता न पड़े। मार्क की सोच रंग लाई और उन्होंने इसकी व्याख्या इस प्रकार की—

"अफ्रीका में लोग मौत का शिकार हो रहे हैं, की तुलना में आपके घर के सामने एक गिलहरी मर रही है, यह खबर आपके लिए अधिक महत्त्वपूर्ण हो सकती है।"

फेसबुक के एक कर्मचारी क्रिस कॉक्स ने इस सेवा का सारा कार्यशील प्रारूप तैयार किया था। प्रारूप तैयार होते ही यह परीक्षण के लिए तैयार हुई और कॉक्स ने एक रात पूर्व ही इस प्रणाली को सबसे पहले मार्क तथा अपने प्रोफाइल के साथ जोड़कर आजमाना चाहा। एक चमत्कार की तरह इधर मार्क ने अपने प्रोफाइल में एक नई तसवीर जोड़ी, उधर कॉक्स के प्रोफाइल पर साथ-ही-साथ यह खबर आ गई कि मार्क ने एक तसवीर जोड़ी है। इसी के साथ न्यूज फीड ने मार्क की गतिविधियों को भी सूचीबद्ध तरीके से एक क्रम में दरशाना शुरू कर दिया। यह प्रयोग सफल रहा और मार्क के सभी साथियों का आत्मविश्वास इस सफलता के साथ दुगुना हो गया।

इस सेवा को 'न्यूज फीड' का नाम दिया गया। इससे फेसबुक यूजर्स सामाजिक रूप से अधिक सजग हो सकते थे और पलक झपकते ही अपने मित्रों के पूरे ब्यौरे की जानकारी प्राप्त कर सकते थे। न्यूज फीड की यह सेवा कैल्कुलस (Calculus) जैसी कई गणनाओं का सुमेल था, जो प्रत्येक फेसबुक यूजर की गतिविधियों व

बदलावों को उसके मित्रों की रुचियों के नजरिए से चुनता था और उन्हें विपरीत घटनाक्रम के अनुसार संबंधित लोगों की वॉल पर प्रदर्शित करता था। इस कार्यक्रम को लागू करना फेसबुक के तकनीकी विभाग के लिए सबसे बड़ी चुनौती थी, बल्कि यह कहा जाए कि—

"न्यूज फीड की सेवा को लागू करना फिर से एक नई फेसबुक साइट का निर्माण करने के बराबर था।"

इस सेवा से नाराज होकर नॉर्थवेस्ट विश्वविद्यालय के एक छात्र ने अगले ही दिन फेसबुक पर एक समूह का गठन कर लिया और उसके खिलाफ मोरचे का ऐलान कर दिया। कुछ ही घंटों में इस समूह के सदस्यों की संख्या बढ़ती गई और दोपहर 2 बजे तक यह एक लाख तक पहुँच गई। धीरे-धीरे कई अन्य दलों ने भी फेसबुक मंच पर इस सेवा का विरोध किया। उनकी शिकायत थी कि फेसबुक की इस सेवा के कारण यूजर्स की बहुत सी जानकारियाँ अधिक लोगों तक पहुँच रही थीं, जो उन्हें स्वीकार नहीं था। दूसरी ओर से फेसबुक ने जवाब में अपनी प्रतिक्रिया में इतना ही कहा कि फेसबुक की गोपनीयता नियंत्रण सुविधा के होने से यूजर्स की कोई भी जानकारी किसी को भी दिखाई नहीं देगी। प्रदर्शनकारियों का गुस्सा शांत हुआ और फेसबुक इस संकट की घड़ी से बाहर निकला। न्यूजफीड की अपार सफलता से जहाँ अगस्त 2006 में यूजर्स के कुल पृष्ठ अवलोकन की संख्या 12 अरब थी, वह अक्तूबर 2006 में बढ़कर 22 अरब हो गई।

फेसबुक आरंभ से ही किसी प्रकार की वेबसाइट के निर्माण से नहीं जुड़ा।

> ***"फेसबुक केवल इसे प्रयोग में लाने वाले लोगों तथा उन बातों से मतलब रखता है, जो उनके लिए महत्त्वपूर्ण हैं।"***

□

'पोक'

पढ़ने में कुछ गुदगुदा-सा लगनेवाला शब्द 'पोक' फेसबुक का एक ऐसा फीचर है, जिसका कोई उद्‌देश्य नहीं है। मार्क के अनुसार—

"हम फेसबुक के लिए एक ऐसा नया फीचर बनाने की सोच रहे थे, जिसका कोई मतलब या उद्‌देश्य न हो। यूजर्स इस फीचर का इस्तेमाल केवल मस्ती के लिए कर सकते हैं। बस, यह फीचर एक तरह से मस्ती करने के लिए ही बनाया गया है।"

इस फीचर की सुविधा 'द फेसबुक' में भी दी गई थी। इसका सीधा सा अर्थ यह होता था कि आप अपने किसी मित्र को कुछ निर्देशित करना चाहते हैं तो उसे 'पोक' कर देंगे, जिससे उसका ध्यान सीधा आपकी ओर आकर्षित हो जाएगा। जब भी कोई यूजर किसी को 'पोक' करता था तो पोक किए गए यूजर के स्क्रीन पर इसका संकेत दिखाई देता था। मार्क का कहना था कि उन्होंने मजाक करने के उद्‌देश्य से ऐसा फीचर डाला है। उस समय सबसे अधिक 'पोक' सुंदर लड़कियों को भेजा जाता था। यदि उस लड़की ने आपके 'पोक' का जवाब दे दिया तो आप समझ सकते थे कि वह क्या चाहती है। हार्वर्ड में सभी खुले दिल के युवा पढ़ने आते थे और सभी लड़कों की एक ही इच्छा होती थी—उनकी भी किसी सुंदर सी लड़की से मित्रता हो जाए और वह उनकी प्रेमिका बन जाए। 'द फेसबुक' ने हार्वर्ड के छात्रों को मनपसंद प्रेमी या प्रेमिका तलाशने का भी मौका दिया।

इस फीचर को जान-बूझकर ऐसे ही छोड़ा गया है कि इसका कोई अर्थ न निकल सके। आप जब कभी अपने किसी मित्र से छेड़छाड़ करना चाहते हैं तो उसे कुछ भी 'पोक' कर सकते हैं। कुछ यूजर्स फेसबुक हेल्प सेंटर में जाकर 'पोक' शब्द का मतलब तलाश करना चाहते हैं; लेकिन उनके हाथ भी कुछ नहीं लगता।

"सुख व दु:ख के समय सभी लोगों से अपनी खुशी बाँटना तथा दु:ख में दूसरों की मदद करना पसंद करते हैं। इसी मानवीय माँग ने हमें प्रेरित किया कि हम कुछ ऐसी चीजें तैयार करें कि लोग आसानी से संपर्क स्थापित कर सकें और एक-दूसरे के साथ अपने जीवन की बातों को बाँट सकें।"

□

फेसबुक का विस्तार

फेसबुक का जादू लोगों के सिर चढ़कर बोल रहा था। इ-मेल पंजीकरण की सुविधा से भी काफी लाभ मिला। अक्तूबर 2006 तक फेसबुक यूजर्स की संख्या 1 करोड़ से ऊपर हो चुकी थी और इसमें लगातार बढ़ोतरी होती चली जा रही थी। सबसे हैरानी की बात तो यह थी कि इसे अपनानेवालों में अधिकतर लोग अमेरिका से बाहर के देशों से थे। दिसंबर के प्रथम सप्ताह तक यूजर्स की संख्या 1.20 करोड़ तक पहुँच गई और फेसबुक की उपयोगिता विश्व भर के कंप्यूटर कार्यक्रम निर्माताओं के लिए एक वरदान साबित हो रही थी। फेसबुक मंच सामाजिक तत्त्वोंवाले खेलों व अनुप्रयोगों के विशाल कारोबारी मंच की तरह उभरकर लोगों के सामने आया। अगले एक वर्ष तक लगभग 5 करोड़ नए लोग फेसबुक से जुड़ गए। मार्क को इतनी अधिक सफलता से यह आभास हो गया कि उसका सपना साकार होने लगा था; लेकिन उन्हें कभी-कभी डर भी लगता था कि इतना बड़ा चुनौतीपूर्ण कार्य वह पूरा कर पाएगा या नहीं। ऐसे में फेसबुक के लिए आवश्यक था कि वह केवल अपने यूजर्स को देनेवाली सेवाओं का विशेष ध्यान रखे और उनमें किसी प्रकार की कमी न आने दे।

उनके साथ माइक्रोसॉफ्ट जैसी दिग्गज कंपनी थी, जो अपने समझौते को एक विश्व स्तर का नमूना बनाकर फेसबुक पर विज्ञापन प्रदर्शित करने के लिए तैयार थी। मार्क ने फेसबुक के अभियान को और भी तेज कर दिया और बढ़ते हुए यूजर्स के लिए सर्वर नेटवर्कों का विस्तार करना भी आरंभ कर दिया। माइक्रोसॉफ्ट के साथ हुए समझौते के अलावा फेसबुक ने 6 करोड़ डॉलर में 0.40 प्रतिशत की हिस्सेदारी का सौदा हांगकांग के का-शिंग ली के साथ किया। कुछ समय पश्चात् का-शिंग ली ने 6 करोड़ का अतिरिक्त निवेश भी किया। साथ ही म्यूनिख (जर्मनी) की एक कंपनी सांवेर बंदर्स ने भी 1.50 करोड़ मूल्य के शेयर खरीदे। इस प्रकार

कुल मिलाकर फेसबुक ने मात्र 2.50 प्रतिशत की हिस्सेदारी बेचकर 37.50 करोड़ डॉलर प्राप्त कर लिये।

मार्क ने अपनी दूरदर्शिता और सूझ-बूझ से फेसबुक का भविष्य पूरी तरह से सुरक्षित कर लिया था। फेसबुक ने माइक्रोसॉफ्ट से मिली आजादी को लेकर कुछ नए प्रयोग भी किए। इसके विपरीत, कंपनी में यूजर्स की संख्या में लगातार बढ़ोतरी होती रही और इस तूफानी बढ़त के चलते खर्चे भी बढ़ते गए। अक्तूबर 2008 में यूजर्स की संख्या 10 करोड़ पार कर गई थी, जो जनवरी 2009 में बढ़कर 15 करोड़ और सितंबर तक आते-आते 30 करोड़ तक पहुँच गई थी।

कंपनी का तूफानी रफ्तार से बढ़ने का कार्यक्रम जारी रहा। कंपनी की नई सी.ई.ओ. शेरिल सैंडबर्ग के आ जाने से सफलता के मूल मंत्र भी परवान चढ़ने लगे। अब तक कंपनी के कर्मचारियों की संख्या भी 500 से ऊपर हो गई थी; लेकिन पॉलो आल्टो में कंपनी का कार्य कई भवनों में होने के कारण उसने संपर्क करने तथा दिन-प्रतिदिन की कार्यविधियों को सुचारु रूप से चलाने में काफी परेशानी आ रही थी। अत: यह योजना बनाई गई कि कंपनी की सभी गतिविधियों को किसी बड़े स्थान पर एकत्रित किया जाए। योजना पूरी हुई और वर्ष 2008 के अंत में फेसबुक के मुख्यालय को स्टैनफोर्ड रिसर्च पार्क में स्थानांतरित कर दिया गया। अब मार्क अपने आपको कई जटिलताओं से आजाद करना चाहते थे, क्योंकि उन्हें कंपनी की बागडोर सँभालने के लिए शेरिल जैसी कुशल संचालक मिल गई थी।

शेरिल ने फेसबुक प्रबंधन के साथ मूल विज्ञापन मंत्र को तलाशने के लिए काररवाई शुरू कर दी; लेकिन मार्क इस कार्य के लिए शेरिल को स्वतंत्र रूप से वातावरण देना चाहते थे। वे यह भी चाहते थे कि शेरिल को कंपनी पर अपनी पकड़ बनाने का मौका मिले। अत: उन्होंने एक महीने की विश्व-भ्रमण की योजना बनाई। वे रोजाना की दिनचर्या से मुक्त होकर आत्मज्ञान की यात्रा पर जाना चाहते थे। उन्होंने भारत सहित बर्लिन, इस्तांबुल व जापान जैसे कई देशों की यात्रा की और कुछ दिनों तक अपने आपको फेसबुक के कार्य से दूर रखा।

उनके वापस लौटने तक शेरिल ने विज्ञापन तथा व्यावसायिक रणनीति से संबंधित कुछ नए प्रारूप तैयार कर लिये थे। मार्क को शेरिल के प्रस्ताव पसंद आए और उन्होंने उसे उन पर कार्य करने की हामी दे दी। मार्क के साथ शेरिल ने जो विज्ञापन विकल्प पेश किया था, उसे 'संलग्नता विज्ञापन' का नाम दिया गया। यह यूजर्स की वाल पर विज्ञापनदाता का मामूली सा दिखनेवाला संदेश था, जो उन्हें अपनी ही वाल पर कुछ करने के लिए कहता था। यह किसी कंपनी द्वारा मुफ्त में

दी जानेवाले किसी वस्तु के लिए हो सकता था या फिर किसी वीडियो पर टिप्पणी करने के लिए हो सकता था, जिससे आपकी गतिविधि की खबर न्यूजफीड के द्वारा प्रसारित हो सके और आपके मित्र भी उस टिप्पणी में शामिल हो सकें। विज्ञापन की इस सेवा ने चमत्कारिक रूप से असर किया और पहले वर्ष में ही फेसबुक ने 10 करोड़ डॉलर का अप्रत्याशित राजस्व कमाया। इस सफलता के बाद फेसबुक ने बैनर विज्ञापनों का प्रदर्शन नहीं किया। हालाँकि माइक्रोसॉफ्ट से अभी अनुबंध समाप्त नहीं हुआ था। वर्ष 2010 में अनुबंध समाप्त होते ही फेसबुक द्वारा उसे नवीनीकरण के लिए मंजूरी नहीं दी गई।

फेसबुक द्वारा चलाए गए जबरदस्त मुद्रीकरण के अभियान ने मार्क के आदर्शवाद को व्यावसायिक आधार प्रदान किया और उसी का परिणाम है कि फेसबुक आज के समय में गूगल के बाद की सबसे बड़ी कंपनी के रूप में उभर रही है। फेसबुक को अस्तित्व में आए 10 वर्ष से ऊपर का समय हो चुका है। तब से लेकर आज तक उसमें लगातार अपडेट पर अपडेट हो रहे हैं। कंपनी के कर्मचारियों की संख्या 1,000 पार करने तक इसकी आंतरिक संरचना पूर्ण रूप से पेशेवर हो चुकी थी। फेसबुक के साथ मार्क का नजरिया और भी व्यापक व पेशेवर बनता गया। व्यस्तता में घिरे होने के बावजूद उन्होंने अपने निकटतम मित्रों के साथ मित्रता का संबंध नहीं तोड़ा और उसे कायम रखा। हालाँकि कुछ मित्रों को अपने भविष्य के लिए पेशेवर रूप से उनसे अलग हो जाना पड़ा; किंतु सच यह है कि मित्रों के साथ बिताया गया समय मार्क जीवन भर नहीं भूल सकते।

"सवाल यही नहीं कि हम लोगों के बारे में क्या जानना चाहते हैं? सवाल यह है कि लोग अपने बारे में क्या बताना चाहते हैं?"

□

फेसबुक मंच

मार्क ने 24 मई, 2007 को एक फेसबुक प्लेटफॉर्म की घोषणा की, जो प्रोग्रामर्स के लिए एक प्रभावशाली मंच साबित हुआ। इस घोषणा ने कई विकसित समुदायों में बहुत उत्साह पैदा किया। कुछ ही सप्ताह में कई अनुप्रयोगों का निर्माण किया गया और कुछ में पहले से ही लाखों उपयोगकर्ता शामिल थे। आज, फेसबुक प्लेटफॉर्म के लिए विश्व में लगभग 8,00,000 से भी अधिक निर्माणकर्ताओं के आवेदन पत्र हैं। 23 जुलाई, 2008 को मार्क ने फेसबुक उपयोगकर्ताओं के लिए एक फेसबुक मंच के संस्करण की भी घोषणा की।

"इंटरनेट पर सोशल नेटवर्किंग व अन्य उपकरणों से जुड़े 50 करोड़ लोगों का यह मानना है कि उनकी आवाज सुनने का यही एकमात्र रास्ता है।"

□

फेसबुक बीकन

मार्क ने 6 नवंबर, 2007 को लॉस एंजिल्स में आयोजित एक समारोह में एक नई सामाजिक विज्ञापन प्रणाली की घोषणा की। इस नए प्रोग्राम के एक हिस्से 'बीकन' द्वारा फेसबुक यूजर्स अन्य साइटों पर अपनी ब्राउजिंग गतिविधियों के आधार पर जानकारी बाँट सकते थे। उदाहरण के लिए, 'केबी' नाम की एक विक्रेता कंपनी अपने ग्राहकों को अपने आप से फेसबुक समाचार फीड द्वारा उन्हें यह जानकारी दे सकती है कि उनके पास बेचने के लिए क्या नया उत्पाद है; लेकिन वह प्रोग्राम अधिक समय तक चल नहीं पाया और कुछ विफलताओं के कारण उसे जल्दी ही बंद करना पड़ा। इसके लिए मार्क ने यूजर्स को इस सेवा से बाहर आने का आसान तरीका भी बता दिया। बीकन पर कई लोगों ने रोष भी जताया था, जिसके लिए मार्क ने उनसे माफी भी माँगी थी। निजता पर हुए हमले से क्रोधित होकर वेबसाइट ने कुछ यूजर्स के लिए फेसबुक के विज्ञापन को बदल दिया था। इस विज्ञापन के कारण फेसबुक के यूजर्स दूसरों की प्रोफाइल देखने के साथ-साथ उसमें संदेश भी डाल सकते थे।

''मैं यहाँ कुछ ऐसा बनाने के लिए आया हूँ,
जो लंबे समय तक टिक सके।
इसके अतिरिक्त तो बाकी सब बाध है।''

□

प्रतिबंध

फेसबुक पर आयोजित मुसलिम समुदाय के प्रमुख पैगंबर मोहम्मद के आपत्तिजनक कार्टून बनाने की प्रतियोगिता में मुसलमानों की धार्मिक भावनाओं को ठेस पहुँचाने के आरोप के कारण पाकिस्तान के एक न्यायालय ने फेसबुक पर कुछ समय के लिए प्रतिबंध लगा दिया था। यही नहीं, न्यायालय द्वारा मार्क तथा उनके सहयोगियों पर कड़ी काररवाई करने के भी निर्देश दिए गए।

फेसबुक पर चल रही इस कार्टून प्रतियोगिता को ईश-निंदा के कारण पाकिस्तान में 31 मई, 2010 तक प्रतिबंधित किया गया । इसके साथ ही न्यायालय ने पाकिस्तान के विदेश मंत्रालय को भी निर्देश जारी किया कि वह ईश-निंदा में बनाए गए कार्टून के मामले को अंतरराष्ट्रीय स्तर पर भी उठाए।

'एवरीवन डे, मोहम्मद डे' (Everyone Day-Mohammad Day) नाम की इस प्रतियोगिता को एक जर्मनी की महिला फेसबुक यूजर ने आयोजित किया था; लेकिन इस विवाद के पश्चात् उसने वह पेज भी हटा दिया और साथ ही उसने इस प्रतियोगिता से जुड़ा ब्लॉग भी बंद कर दिया था।

''लोग अपनी प्राइवेसी के बारे में जो विचार रखते हैं, उनमें बदलाव आ रहे हैं। अब वे पूरी तरह से गोपनीयता नहीं चाहते। वे केवल यही चाहते हैं कि उन्हें इस बात को नियंत्रण में रखने का अधिकार मिले कि वे लोगों के साथ क्या शेयर करना चाहते हैं और क्या शेयर नहीं करना चाहते।''

□

मार्क का फेसबुक अकाउंट हैक

वर्ष 2011 में मार्क के फेसबुक अकाउंट को एक हैकर द्वारा हैक कर लिया गया। उस हैकर ने मार्क की निजी तसवीरों के साथ भी छेड़छाड़ की। इनमें से कुछ तसवीरों में मार्क अपनी प्रेमिका प्रिशिला के साथ हैं। मार्क की लगभग 25 तसवीरें सार्वजनिक रूप से प्रदर्शित की गई थीं, जिनमें प्रिशिला के कैलिफोर्निया स्थित घर की तसवीरें भी शामिल थीं। इसके अलावा दिखाई गई तसवीरों में अमेरिका स्थित व्हाइट हाउस में वे राष्ट्रपति ओबामा के साथ हैं। किसी तसवीर में वह खाना बना रहे हैं, अपने कुत्ते के साथ खेल रहे हैं और बच्चों को हेलोवीन टॉफी बाँट रहे हैं।

एक बयान के अनुसार, एक प्रकार के बग का पता लगाया गया है, जिसमें किसी ऐसे व्यक्ति द्वारा, जिसका फेसबुक पर अकाउंट नहीं हो, हाल ही में डाली गई तसवीरों को गोपनीयता सेटिंग के बावजूद देखा जा सकता है।

इस प्रकार की अड़चनों के कारण बार-बार किसी-न-किसी सोशल नेटवर्किंग साइट को हमलों का शिकार होना पड़ता है और इस समस्या को लेकर बार-बार सवाल भी उठाए जा रहे हैं। इस प्रकार की असुरक्षा के अंतर्गत निजी जानकारियों, तसवीरों और टिप्पणियों को सार्वजनिक किया जाता है। फेसबुक की सुरक्षा में सेंध का खुलासा सबसे पहले एक बॉडी बिल्डिंग वेबसाइट को हुआ और बाद में उसकी जानकारी फेसबुक को हुई। इसके बाद फेसबुक के कर्मचारी तत्काल ही इसकी क्षतिपूर्ति में लग गए।

''मैं नहीं जानता कि अगला बड़ा काम क्या होनेवाला है, क्योंकि मैं बड़ी सोच के लिए अपना समय नहीं देता। मैं छोटें कामों को अपना समय देता हूँ और सही वक्त आने पर उन्हें मिलाकर बड़ी सोच में बदल देता हूँ।''

□

शेरिल सैंडबर्ग : फेसबुक की सी.ई.ओ.

मार्क जुकरबर्ग भले ही फेसबुक के संस्थापक और सी.ई.ओ. हैं, लेकिन उनकी कंपनी में उनका वेतन सबसे अधिक नहीं है। यह बात अवश्य चौंकानेवाली है, किंतु यह सत्य है। कंपनी की मुख्य परिचालन अधिकारी शेरिल सैंडबर्ग को सबसे अधिक वेतन मिलता है। फेसबुक की प्राथमिक सार्वजनिक पेशकश (आई.पी.ओ.) के लिए दायर सूचनाओं के अनुसार सैंडबर्ग विश्व के इस सबसे बड़े सामाजिक नेटवर्क की सबसे अधिक वेतन पानेवाली कर्मचारी हैं। सैंडबर्ग को वर्ष 2011 में कुल मिलाकर 3.8 करोड़ डॉलर का वेतन मिला था, जबकि इसके मुकाबले मार्क को केवल 14.9 लाख डॉलर का वेतन मिला।

एक समय था, जब मार्क को 'फेसबुक बीकन' विवाद के बाद जिम ब्रेयर से काफी कुछ सुनना पड़ा था। ब्रेयर का मानना था कि अनुभव के अभाव में फेसबुक की साख को काफी धक्का लगा है। ब्रेयर ने मार्क को समझाया कि फेसबुक को सही कमान की आवश्यकता है। सी.ई.ओ. वैन नाटा भले ही सौदेबाजी में निपुण था, लेकिन वह अन्य कई मामलों में कंपनी की मदद करने में असमर्थ था। अत: निष्कर्ष यह निकला कि कंपनी के लिए नया सी.ई.ओ. तलाशा जाए, जो फेसबुक को जटिलताओं से निकालने में सहायता कर सके।

शेरिल गोल चेहरेवाली तथा कंधे तक खुले बालोंवाली एक सुरुचिपूर्ण महिला थी। वह पिछले छह वर्षों से गूगल में कार्यरत थी और विज्ञापन अभियान का नेतृत्व करती आ रही थी। शेरिल से मार्क की मुलाकात क्रिसमस के एक जलसे के दौरान हुई थी। दोनों पहली ही मुलाकात में एक-दूसरे के बारे में काफी कुछ जान गए और आपस में भी अच्छी तरह घुल-मिल गए थे। मार्क काफी समय तक शेरिल से इस सिलसिले में मिलते रहे; लेकिन उन्होंने शेरिल को कभी नहीं बताया कि वे उसे फेसबुक में सी.ई.ओ. पद के लिए आमंत्रित करना चाहते हैं। वे कभी उसे

रात के भोजन पर ले जाते, कभी स्वयं देर रात तक उसके घर पर रहकर उससे बातें करते रहते। वे शेरिल को पूरी तरह से परख लेना चाहते थे, क्योंकि अब उन्हें फेसबुक के लिए किसी ऐसे सी.ई.ओ. की तलाश थी, जो कम-से-कम 10-15 वर्षों तक कंपनी की कमान सँभाल सके।

शेरिल 40 वर्ष की एक गृहस्थ महिला थी और उसके दो बच्चे भी थे। उसका स्वतंत्र दृष्टिकोण व पेशेवर सफलता मार्क को पसंद आई। इंटरनेट के मुद्रीकरण के अलावा राजनीति, सामाजिक व आर्थिक विषयों में भी उसकी गहरी रुचि थी। अत: मार्क ने उसे फेसबुक के लिए आमंत्रित कर ही दिया। शेरिल मार्क की इज्जत करती थी और उसे पक्का विश्वास था कि भले ही मार्क उससे उम्र में 17 वर्ष कम हैं, लेकिन वह कभी उसके कार्य में टाँग नहीं अड़ानेवाले; बल्कि उसे पूरा सम्मान देंगे। शेरिल को भी इस बात की खुशी थी कि वह सोशल नेटवर्किंग सेवा के क्षेत्र में सबसे बड़ी कंपनी से जुड़ने जा रही है। 4 मार्च, 2008 को छपी इस खबर ने यह बात सुनिश्चित कर दी कि शेरिल फेसबुक के नए सी.ई.ओ. का पदभार सँभालने जा रही है। इसी के साथ वैन नाटा को भी विदा किया गया और 24 मार्च से शेरिल ने फेसबुक की डोर अपने हाथ में ले ली।

''कोई खतरा मोल न लेना ही सबसे बड़ा खतरा है।
इस तेजी से बदलते संसार में केवल खतरा मोल न लेने की नीति ही गारंटी के साथ असफल होती है।''

□

फेसबुक का शेयर बाजार

मार्क ने 14 मई, 2012 को अपने जन्मदिवस के दिन अपनी कंपनी का सबसे बड़ा आई.पी.ओ. प्रस्तुत करते हुए नैस्डेक को शेयर बाजार की सूची में शामिल किया। यह दिन मार्क के लिए तथा उनके सहयोगियों के लिए एक महत्त्वपूर्ण दिन था; लेकिन फेसबुक का शेयर बाजार में बहु-प्रतीक्षित प्रवेश उम्मीदों पर खरा नहीं उतरा और बिना किसी फेर-बदल के पेशकश मूल्य के आसपास ही बंद हुआ। दिन के कारोबार के दौरान 45 डॉलर प्रति शेयर के उच्चतम स्तर पर पहुँचने के बाद शेयर सिर्फ 0.61 प्रतिशत चढ़कर 38.23 डॉलर पर बंद हुआ।

मार्क व फेसबुक में उनके सहयोगियों को इससे काफी उम्मीदें थीं। सबकी आँखें नैस्डेक पर थीं, जहाँ 'एफ.बी.' संकेतक के साथ कारोबार शुरू होना था। शेयर कारोबार शुरू होने के कुछ देर तक फेसबुक का शेयर अपने पेशकश मूल्य 30 डॉलर पर ही स्थिर रहा; लेकिन आधे घंटे पश्चात् ही वह 11 प्रतिशत बढ़कर 42.05 डॉलर के स्तर पर चला गया और 45 डॉलर के उच्चतम स्तर तक रहा। फेसबुक का बाजार पूँजीकरण 104.81 डॉलर है। कंपनी ने आई.पी.ओ. से लगभग 16 अरब डॉलर एकत्रित कर लिये हैं। यह अमेरिका का अब तक का दूसरा सबसे बड़ा आई.पी.ओ. है।

मार्क की कंपनी की बाजार क्षमता इस बात से प्रतिबिंबित होती है कि 30 वर्ष की इतनी कम उम्र में उनकी टीम उस समय अरबों डॉलर जुटाने में कामयाब रही, जबकि अमेरिका मंदी से उबर रहा है और समस्त विश्व में निवेशक शेयरों से दूर हो रहे हैं।

इससे पूर्व फेसबुक का आई.पी.ओ. 10 प्रतिशत प्रीमियम के साथ 42 डॉलर प्रति शेयर पर खुला था। हालाँकि एक ही घंटे में यह 39.88 डॉलर पर आ गया, जो कि 38 डॉलर के पेशकश मूल्य से 5 प्रतिशत अधिक है। इससे पहले मार्क

ने कैलिफोर्निया स्थित अपनी कंपनी के मुख्यालय के बाहर औपचारिक ओपनिंग बेल बजाई।

फेसबुक द्वारा आई.पी.ओ. लाने के लिए अमेरिका शेयर बाजार नियामक सेक द्वारा दाखिल पुस्तिका में यह खुलासा भी किया गया कि मार्क और उनके तीनों सहयोगियों को वेतन और बोनस के रूप में करीब 20 लाख डॉलर मिलेंगे; लेकिन वे फेसबुक की प्रतिस्पर्धी कंपनी की स्थापना नहीं कर सकते। इस विवरण पुस्तिका में यह भी खुलासा किया गया कि फेसबुक के साथ मार्क के रोजगार समझौते के अनुसार स्वयं मार्क या कंपनी द्वारा किसी भी समय, किसी कारण या बिना किसी कारण उन्हें इस पद से बरखास्त किया जा सकता है।

''हम एक ऐसा वेब तैयार कर रहे हैं, जिसका डिफाल्ट सोशल होगा।''

□

फेसबुक का वित्तीय सारांश

फेसबुक की शेयर बिक्री किसी इंटरनेट कंपनी का अब तक का सबसे बड़ा प्रारंभिक पब्लिक इश्यू यानी आई.पी.ओ. होगा। कंपनी की ओर से दी गई जानकारी के अनुसार फेसबुक ने वर्ष 2011 में 1 अरब का लाभ कमाया था, जो कि पिछले वर्ष में 65 प्रतिशत था। इसी वर्ष उनकी कुल आमदनी 3.71 अरब डॉलर रही। जानकारी में यह भी कहा गया कि फेसबुक कंपनी में मार्क की हिस्सेदारी 28.4 प्रतिशत है।

बी.बी.सी. की संवाददाता 'रोरी सेल्लॉन' ने दस्तावेजों को देखकर अपनी प्रतिक्रिया व्यक्त करते हुए कहा, ''हमें पहली बार इस अनोखी कंपनी की वित्तीय रूपरेखा को देखने का मौका मिला है। यह साफ दिखाई दे रहा है कि फेसबुक लाभ कमाते हुए आगे बढ़ रही है। केवल दो वर्षों में ही फेसबुक ने विज्ञापनों के माध्यम से अपनी आय में पाँच गुना की वृद्धि की है। मुफ्त में सेवा देने के कारण फेसबुक के यूजर्स या प्रयोगकर्ता इसके उपभोक्ता न होकर इसके उत्पाद हैं। फेसबुक अपने यूजर्स का समय, पसंद-नापसंद एवं कुछ जानकारियाँ बेच रहा है, जिससे विज्ञापनदाता ऐसे यूजर्स तक पहुँच रहे हैं, जिनकी पसंद उनके उत्पादों से मेल खाती है।''

रेडम्येन बेंटली में फिल वॉग नामक शेयर ब्रोकर के अनुसार, ''फेसबुक के आगे बढ़ने की क्षमताओं को देखते हुए निवेशकों को इसके आई.पी.ओ. का इंतजार था।''

इससे पहले कुछ महीनों में कई कंपनियों ने भी अपने शेयर बाजार में उतारे थे। ऑनलाइन कूपन बेचनेवाली एक कंपनी ग्रूपॉन तथा इंटरनेट गेमिंग कंपनी जिंगा ने भी अपने शेयर बाजार में उतारे। इससे पूर्व सोशल नेटवर्किंग साइट 'लिंक्डइन' ने भी अपने शेयर बाजार में उतारे; लेकिन इन सभी कंपनियों के भाव गिरते गए।

इन सबके बावजूद विशेषज्ञों ने यह अनुमान लगाया कि फेसबुक शेयर बाजार में अच्छा प्रदर्शन करेगी।

"लोगों में सूचनाओं के आदान-प्रदान के लिए आकर्षण बढ़ रहा है और फेसबुक के चाहनेवालों की संख्या में वृद्धि इसका सबसे बड़ा प्रमाण है।"

□

प्रिशिला चान : मार्क की दोस्त और हमसफर

मार्क की प्रेमिका प्रिशिला चान, जो काफी समय से मार्क से दूर थी, वर्ष 2006 में पुन: मार्क से रिश्ता कायम कर लिया। मार्क और प्रिशिला ने अपने विवाह से पहले लगभग नौ वर्ष का समय साथ बिताया था और दोनों एक-दूसरे को अच्छी तरह से जानते थे। प्रिशिला का जन्म 24 फरवरी, 1985 को हुआ था। प्रिशिला के पिता का नाम डेनिस चान था। वियतनाम की लड़ाई के पश्चात् वह अपने परिवार समेत अमेरिका चला गया था। उनकी माता का नाम वॉन्नी था, जो एक अकाउंटेंट थीं।

7 नवंबर, 2003 को प्रिशिला हार्वर्ड विश्वविद्यालय में आयोजित एक कार्यक्रम में शामिल होने आई थी। यह कार्यक्रम एक यहूदी छात्रा बिरादरी 'अल्फा एप्सिलॉन पी' द्वारा आयोजित किया गया था। प्रिशिला ने मार्क को पहली बार एक लाइन में खड़े हुए देखा। दोनों में बातचीत हुई और धीरे-धीरे वे एक-दूसरे को पसंद करने लगे। प्रिशिला स्नातक जीव विज्ञान में प्रथम वर्ष की छात्रा थी और मार्क उस समय कंप्यूटर विज्ञान के दूसरे वर्ष के छात्र थे।

वर्ष 1975 से 1979 के दौरान उनके परिवार ने एक शरणार्थी शिविर में जीवन बिताया। उसके पश्चात् वे मैसाचुसेट्स के बोनट्री नामक स्थान पर आकर रहने लगे। प्रिशिला के परिवार में उसके माता-पिता के अलावा दो छोटी बहनें एलेन और मिशेल थीं। उनके पिता एक रेस्तराँ के मालिक थे, जिसे उन्होंने वर्ष 2006 में बेच दिया था और मछली के कारोबार में लीन हो गए। वे अपने बच्चों को वह सब देना चाहते थे, जो आधुनिक समय की माँग थी। माता-पिता दोनों ही अपने कार्यों में व्यस्त रहते थे और प्रिशिला परिवार की बड़ी लड़की होने के नाते अपनी

पढ़ाई के साथ-साथ घर का सारा काम करती तथा उसकी देखरेख करती। बड़ी होने पर उसकी दोनों बहनें भी उसका इस कार्य में साथ देतीं। चीनी-वियतनामी संस्कार होने के कारण प्रिशिला चाइनीज भाषा ही जानती थी।

प्रिशिला शुरू से ही हार्वर्ड में पढ़ने के सपने देखा करती थी। अत: उसने इसी दिशा में अपने आपको अग्रसर रखा और सदा पढ़ाई में आगे रही। विद्यालय में उसके शिक्षक भी सदा उसकी सहायता करते। उसे टेनिस खेलने का बहुत शौक था। उसने वर्ष 2003 में परीक्षा में प्रथम स्थान प्राप्त किया और हार्वर्ड के लिए तैयारी कर ली, क्योंकि उसका चयन हो गया था। मार्क के पॉलो आल्टो जाने पर उसने प्रिशिला को अपने साथ चलने के लिए कहा; लेकिन वह अपनी पढ़ाई पूरी करना चाहती थी। वैसे भी, दोनों वैधानिक रिश्ता अनुबंध के कारण उन्हें कई शर्तों को मानना पड़ता था।

हार्वर्ड से स्नातक की परीक्षा पूरी करने पर प्रिशिला भी पॉलो आल्टो आ गई; हालाँकि वह मार्क से अलग रहती थी और उससे कभी-कभी ही मिला करती थी। उसने कुछ समय एक स्कूल में विज्ञान की शिक्षिका के रूप में कार्य किया और उसके पश्चात् कैलिफोर्निया विश्वविद्यालय, सैन फ्रांसिस्को में आयुर्विज्ञान चिकित्सक की पढ़ाई करने चली गई। अपनी पढ़ाई के साथ-साथ उसने मार्क से भी संबंध बनाए रखा और वर्ष 2010 के मध्य पॉलो आल्टो में ही मार्क के साथ रहना शुरू कर दिया। इसके कुछ समय पश्चात् ही मार्क ने पॉलो आल्टो में ही एक मकान खरीदा, जहाँ आगे चलकर उनका विवाह प्रिशिला के साथ संपन्न हुआ।

"आनेवाले समय में वेब का भविष्य आपके लिए व्यक्तिगत अनुभवों से भरा होगा, जैसे फेसबुक खुलते ही आप अपना खाता बनाएँगे तो संगीत का जिक्र आते ही यह आपके लिए उस संगीत को चालू कर देगा, जिसे आपने वेब पर कहीं भी लाइक किया होगा और फिर इसके बाद यह उन लोगों के नाम बताएगा, जो आपकी तरह उस संगीत को पसंद करते हैं आदि।"

□

सबसे बड़ा आई.पी.ओ. और चौंकानेवाली शादी

मार्क जुकरबर्ग ने शादी भी बड़े ही चौंकानेवाले अंदाज में की। उनकी शादी 19 मई, 2012 को हुई थी; लेकिन वह इस ढंग से आयोजित की गई थी कि हर कोई देखकर हैरान था। कैलिफोर्निया स्थित पॉलो आल्टो में उनके घर के पीछे ही आयोजित एक समारोह में आए लोगों को यह पता नहीं था कि वे फेसबुक के मालिक मार्क की शादी में शामिल हैं। दरअसल, पाँच दिन पहले 14 मई को मार्क ने अपने जन्मदिन पर अपनी कंपनी का सबसे बड़ा आई.पी.ओ. लाते हुए नैस्डेक को शेयर मार्केट की सूची में शामिल किया था और एक सप्ताह पहले ही उनकी 27 वर्षीया दोस्त प्रिशिला चान को मेडिकल ग्रेजुएट की डिग्री मिली थी। समारोह में आए मेहमानों को लगा, यह जश्न उसी का है; जबकि वास्तव में यह समारोह उनकी शादी का था।

इस शादी में लगभग 100 मेहमानों ने हिस्सा लिया। मार्क ने इस घटना के बारे में अपनी फेसबुक टाइमलाइन पर अपडेट करते हुए लिखा कि वे प्रिशिला चान के साथ 19 मई को विवाह के बंधन में बँध गए। उनके इस अपडेट के साथ ही अगले 30 मिनटों के भीतर 1,31,000 लोगों ने इसे पसंद किया। देश-विदेश से उनके लाखों-करोड़ों प्रशंसकों ने उन्हें बधाइयाँ देनी शुरू कर दीं और अपनी शुभकामनाएँ दीं। प्रिशिला ने भी अपने फेसबुक पेज पर इस रिश्ते को अपडेट करते हुए लिखा—'मार्क जुकरबर्ग से विवाहित'।

मार्क जुकरबर्ग और उनकी पत्नी प्रिशिला चान ने अपना हनीमून रोम में बिताया। वहाँ एक पर्यटक ने उन दोनों की रोम की तसवीरों को अपने कैमरे में कैद कर दिया और ट्विटर पर जारी कर दिया। समाचार एजेंसी ए.के.आई. के अनुसार,

पोलैंड के एक पर्यटक ने वेटिकन के सिस्टाइन चैपल में इस नवविवाहित जोड़े की एक तसवीर खींची थी। बाद में तसवीर ट्विटर पर जारी कर दी गई। दोनों रविवार को पीरलुइगी नामक रेस्तराँ में भी दिखाई दिए। रेस्तराँ के एक अनाम कर्मचारी ने बताया कि दोनों ने यहाँ रोम के खास व्यंजनों का लुत्फ उठाया।

''हमारे यहाँ कहा जाता है कि 'मूव फास्ट एंड ब्रेक थिंग्स'। अगर आपने कुछ ब्रेक नहीं किया तो शायद इसका मतलब होगा कि आप बहुत तेजी से आगे नहीं जा रहे।''

□

...और मार्क बने पिता

पिता बनना किसी भी व्यक्ति के जीवन के सबसे सुखद क्षणों में से एक होता है। मार्क और प्रिशिला के जीवन में भी यह क्षण किसी बड़ी खुशी से कम नहीं था। 1 दिसंबर, 2015 का वह दिन, जो उनके जीवन का सबसे यादगार दिन बन गया और उनके घर-आँगन को खुशनुमा बनाने के लिए एक नन्ही परी ने जन्म लिया। मार्क और प्रिशिला ने इस नन्ही परी का नाम 'मैक्स' रखा। मार्क और प्रिशिला को यह बेटी बड़े अरमानों और इंतजार के बाद मिली है। प्रिशिला को बार-बार होने वाले गर्भपात के बाद मैक्स का जन्म हुआ। जन्म के समय मैक्स का वजन 7 पौंड 8 आंउस था और दुनिया में आते ही वह 46 अरब की संपत्ति की मालकिन बन गई।

यह शायद उनके जीवन की सबसे बड़ी खुशियों में से एक थी कि उनके घर एक नन्ही कन्या ने जन्म लिया। इसके पैदा होते ही मार्क ने अपनी कंपनी के 99 प्रतिशत शेयर दान में देने की घोषणा कर दी। उनका कहना था कि मेरे द्वारा दान दी गई यह राशि; लगभग 45 अरब डॉलर उनकी बेटी और दुनिया के अन्य बच्चों का भविष्य बेहतर बनाने तथा सँवारने के काम आएगी। मार्क ने पिता बनते ही अपना ध्यान मानवीय संभावना और समानता पर केंद्रित परोपकारी योजनाओं पर लगाना शुरू कर दिया।

मार्क की इस घोषणा का असर विश्व भर में दिखाई दिया। माइक्रोसॉफ्रट कंपनी के मालिक बिल गेट्स की पत्नी ने प्रशंसा भरे शब्दों में कहा, "यह हमारा सौभाग्य है कि भगवान् ने हमें इतना सामर्थ्य दिया है कि हम दूसरों के लिए कुछ कर सकने में सक्षम हैं। मार्क द्वारा उठाया गया यह कदम सराहनीय है और हम इस फैसले की दिल से कद्र करते हैं। ईश्वर उन्हें उनके इरादों में मदद करे।"

कहते हैं कि अपने प्रियजनों के साथ ली गई तसवीर जीवन भर एक सुखद

अहसास देती है। खासतौर पर जब यह तसवीर अपने पहले बेटे या बेटी के साथ ली गई हो तो बात कुछ और ही हो जाती है। कुछ ऐसा ही हुआ मार्क और प्रिशिला के साथ। नन्ही मैक्स के पैदा होने के बाद जब मार्क ने अपनी बेटी के साथ पहली तसवीर फेसबुक पर अपलोड की तो उसे लाइक करने वाले पीछे नहीं हटे। एक ही रात में इस पोस्ट पर लाइक करने वालों की संख्या लगभग 20 लाख हो गई थी और लगभग 20 हजार से भी अधिक लोगों ने इसे शेयर किया। इस तसवीर में मार्क अपनी बेटी मैक्स के साथ प्रसन्न मुद्रा में दिखाई दे रहे थे। ये वही मार्क हैं, जिनके द्वारा बनाई गई वेबसाइट 'फेसबुक' के माध्यम से विश्व भर के लोग तसवीरों, वीडियो, जिंदगी के खूबसूरत पलों को आपस में शेयर करते हैं। तसवीर में मार्क के चेहरे पर 'पापा' बनने की खुशी साफ-साफ देखी जा सकती है, जिसमें नन्ही मैक्स फर्श पर बिछे एक कालीन पर अपने पिता मार्क जुकरबर्ग के साथ लेटी हुई है। साथ ही उनकी पोस्ट में "Full of joy with little Max." भी लिखा हुआ था।

मार्क ने तुरंत ही अपने काम से दो महीनों के अवकाश की घोषणा कर दी। वे यह समय अपने परिवार के साथ बिताना चाहते थे। उन्होंने पहले ही दिन से एक अच्छे पापा होने का कर्तव्य निभाना शुरू कर दिया, जैसा कि और व्यक्ति भी करते हैं। यही नहीं, अपने अवकाश के दौरान उन्होंने फेसबुक पर कई फोटो पोस्ट किए, जिसमें कभी तो वे उसका डॉयपर बदलते दिख रहे हैं, कभी उसके लिए क्रिसमस का केक बना रहे हैं तो कभी उसके साथ लेटे हुए हैं। उनके जीवन में आए इस खुशी के क्षण का यह परिणाम हुआ कि उन्होंने तुरंत ही अपनी कंपनी के 99 प्रतिशत शेयर कल्याणकारी योजनाओं में दान देने की घोषण कर दी। इस उत्तम फैसले के पीछे उनकी बेटी की वह ताकत है, जिसे संसार बराबरी से जीने का हक देता है।

इतनी बड़ी राशि दान में देने के बाद मार्क के पास लगभग 3000 करोड़ की राशि शेष बची। मार्क ने यह घोषण किसी प्रेस कॉन्फ्रेंस, किसी इंटरव्यू या किसी अखबार के माध्यम से नहीं की, बल्कि फेसबुक पर अपनी बेटी को लिखे एक पत्र के माध्यम से की। मार्क ने मैक्स के नाम इस पत्रा में लिखा—

प्यारी मैक्स!

मेरे और तुम्हारी माँ के पास ऐसा कोई शब्द नहीं है, जो यह बता सके कि तुमने हमारी जिंदगी में आकर हमारे आने वाले कल को बहुत सी उम्मीदों से भर दिया है। तुम्हारा नया जीवन कई वादों से भरा है और हम यह आशा करते हैं कि

तुम सदा खुश रहो और भरपूर सेहत पाओ, जिससे तुम अपना जीवन पूरी तरह से जी सको। तुमने हमें जीवन जीने की एक नई उम्मीद दी है, ताकि हम दुनिया में कुछ नया कर सकें, जिसमें तुम्हें अपनी जिंदगी गुजारनी है। हर माता-पिता की तरह मैं और तुम्हारी माँ भी तुम्हें इस दुनिया में पलते-बढ़ते देखना चाहते हैं। हम चाहते हैं कि तुम्हारी वह दुनिया हमारी इस दुनिया से एक बेहतर दुनिया हो।

हम इस दुनिया को बदलने में अपनी ओर से जो भूमिका निभा सकते हैं, हम करने जा रहे हैं। यह सिर्फ इसलिए नहीं कि तुम हमारे दिल का टुकड़ा हो, बल्कि इसलिए कि तुम्हारी तरह इस पीढ़ी के हर बच्चे के लिए यह हमारी नैतिक जिम्मेदारी भी है। हमारा विश्वास उन सबकी समानता से है, जो न सिर्फ इस दौर में ही, बल्कि आने वाली पीढ़ियों का भी हिस्सा बनेंगे। हमारी सब बातें केवल दो बातों पर ही टिकी है, वे हैं—''व्यक्ति की क्षमताओं पर भरोसा और समाज में समानता का बर्ताव। समाज में समानता होगी तो ही व्यक्ति उन अवसरों तक जा सकता है, जहाँ वह अपनी क्षमताओं का भरपूर इस्तेमाल कर सकता है।''

मार्क ने इस पत्रा के माध्यम से इस बात का खुलासा किया है कि वे वर्तमान दुनिया को बेहतर बनाना चाहते हैं। उन्होंने इस पत्र के माध्यम से बेटे और बेटी के बीच समानता, स्वास्थ्य, इंटरनेट सेवा व शिक्षा जैसी सुविधओं के लिए अपना सबकुछ दान करने की बात कही। उन्होंने यह भी लिखा कि वे विश्व में हो रहे रंग और जाति के भेदभाव को नहीं मानते तथा इसके खिलाफ काम करने का वादा किया है, जिससे उनकी बेटी मैक्स एवं उसकी पीढ़ी के करोड़ों बच्चों को बराबरी का हक मिल सके।

मार्क द्वारा दान देने का कारण उनकी बेटी या उसके जन्म की खुशी से है। उन्होंने पत्र के अंत में यह भी लिखा कि उन्होंने इसकी पूरी योजना बना ली है और अपने कार्यालय वापिस आते ही इसका ब्लूप्रिंट तैयार करेंगे।

मार्क को पहले ही विश्व भर में इतनी बड़ी राशि दान में देने का सबसे कम आयु वाला व्यक्ति माना जा चुका है। परोपकार के मामले में वे कभी पीछे नहीं हटते। ऐसे नेक कार्यों के लिए इतनी बड़ी राशि देने वालों की तुलना में उनकी आयु काफी कम है। आँकड़ों पर रोशनी डालें तो पता चलता है कि जब बिल गेट्स ने बिल और मेलिंडा फाउंडेशन की स्थापना की थी तो उनकी आयु 45 वर्ष थी। आमतौर पर अधिक-से-अधिक दान देने वालों की औसत आयु 70 से 80 वर्ष मानी जाती है। वॉरेन बफे ने वर्ष 2006 में बर्कशायर हेथवे के शेयर कल्याणकारी संस्थाओं के नाम किए थे तो उस समय उनकी आयु 76 वर्ष थी।

मार्क द्वारा फेसबुक पेज पर लिखे एक पत्र में इस बात का खुलासा किया, 'कई प्रकार की भयंकर बीमारियों के इलाज, लोगों को आपस में जोड़ने, उन्हें शिक्षा प्रदान करने, पर्यावरण को स्वच्छ ऊर्जा प्रदान करने, विश्व से गरीबी कम करने, लोगों को समान अधिकार देने तथा विभिन्न देशों में आपसी तालमेल बढ़ाने के लिए हमारी पीढ़ी मानवीय संभावनाओं और समानताओं को बढ़ावा दे सकती है जिससे समाज का एक नया रूप उभर कर सामने आ सकता है।'

उन्होंने यह भी लिखा, 'वे फेसबुक के माध्यम से आने वाली पीढ़ी को एक ऐसा संसार उपहार में देना चाहते हैं, जिसे किसी भी प्रकार की तंगी या आर्थिक समस्याओं का सामना न करना पड़े। इसके लिए फेसबुक के 99 प्रतिशत शेयर जैसी राशि बहुत कम है। हमारी योजना है कि अगले तीन वर्षों तक प्रत्येक वर्ष फेसबुक का लगभग एक अरब डॉलर ऐसे लोगों की सहायता के लिए खर्च किया जाएगा। उनका सपना है कि वे आने वाली पीढ़ी के लिए एक ऐसे प्लेटफॉर्म का निर्माण करें, जिससे कि वे भविष्य में एक आदर्श नागरिक बन सकें और संसार में अपना अस्तित्व कायम रख सकें। उनकी इस योजना को समस्त विश्व में सहारा गया और विश्वास दिलाया गया कि मार्क जल्दी ही इस सपने को पूरा करने में अवश्य कामयाब होंगे।

उनकी इस योजना के फेसबुक पर अपडेट होते ही लोगों में इसे लाइक करने की लाईन लग गई और देखते-ही-देखते लाइक करने वालों की संख्या लगभग छह लाख से भी ऊपर चली गई। यही नहीं, इन लाइक करने वालों में विश्व की कई जानीमानी हस्तियाँ भी मौजूद हैं, जिनमें माइक्रोसॉफ्ट कंपनी के मालिक बिल गेट्स, उनकी पत्नी, सुप्रसिद्ध सिंगर शकीरा, कैलिफोर्निया के पूर्व गर्वनर अर्नोल्ड श्वार्जनेगर आदि शामिल हैं। मार्क के पास नियंत्रण वाली कंपनी की कीमत लगभग 303 अरब डॉलर है। उनके पास कंपनी के 'ए' श्रेणी के 40 लाख और 'बी' श्रेणी के 42.23 करोड़ शेयर हैं।

□

मार्क की उदारता व दानशीलता

मार्क जुकरबर्ग न केवल एक सफल उद्यमी हैं, बल्कि एक दानशील व्यक्तित्व के मालिक भी हैं। उनकी इस अच्छाई के किस्से दुनिया जानती है। आएदिन वह किसी-न-किसी अच्छाई के कार्यों के लिए चैरिटी करते आए हैं और दिल खोलकर दान देने में जरा भी नहीं चूकते। वर्ष 2012 के अंत में भी उन्होंने सिलिकॉन वैली चैरिटी को स्वास्थ्य और शिक्षा के क्षेत्र में कार्य करने के लिए करीब 50 करोड़ अमेरिकी डॉलर की धनराशि दान में दी। सिलिकॉन वैली कम्युनिटी फाउंडेशन एक गैर-लाभकारी संस्था है, जो लोगों द्वारा दिए गए दान और चंदे की राशि द्वारा ही संचालित होती है। मार्क ने जब इस संस्था के लिए अपने फेसबुक के 1.8 करोड़ रुपए के शेयर दान करने की घोषणा की तो लोगों के आश्चर्य का ठिकाना न रहा। बाजार की कीमत के हिसाब से दान की गई इस राशि की कीमत लगभग 49.88 करोड़ अमेरिकी डॉलर आँकी गई, जो अपने आप में एक रिकॉर्ड है। यह राशि मार्क द्वारा अब तक की दान में दी गई राशियों में से सबसे अधिक है। उन्होंने वर्ष 2012 में ही अपनी कंपनी के प्रथम सार्वजनिक शेयर निगम (आई. पी.ओ.) के पहले 2010 में न्यूयॉर्क, न्यूजर्सी व कई पब्लिक स्कूलों के लिए 10 करोड़ डॉलर की राशि दान में दी थी।

'फेसबुक' की शुरुआत से लेकर अब तक मार्क ने जितनी उन्नति की है, उतनी उन्नति शायद ही किसी ने की हो। मार्क की एक खासियत है कि वे अपनी छोटी-से-छोटी कामयाबी या उपलब्धि पर जश्न मनाते हैं और अपने कर्मियों व मित्रों को इसमें शामिल करते हैं। यह उनकी बचपन की आदत है। हार्वर्ड के दिनों में भी वे क्रिस, मॉस्कोवित्ज, सेवरिन के साथ बात-बात पर जश्न मनाते थे और खूब मौज-मस्ती करते थे।

अकसर लोग जिस पेशे में होते हैं, वे उसी के होकर रह जाते हैं; लेकिन मार्क

के विषय में ऐसा कहना गलत होगा। वे केवल अपनी कंपनी या उससे जुड़े विषयों से हटकर भी सोचते हैं और उनमें रुचि भी लेते हैं। वे देश, समाज, राजनीति व अर्थनीति तक की बारीकियों के बारे में गहरी जानकारी रखते हैं और उन्हें समझने की पूरी कोशिश करते हैं। जो लोग या फेसबुक यूजर्स मार्क के विषय में जानते हैं, उन्हें पता है कि मार्क का पसंदीदा पहनावा कैपरी, टीशर्ट और पैरों में फ्लोटर्स हैं; लेकिन वर्ष 2009 में मार्क ने पूरे वर्ष टाई पहनने का निश्चय किया। दर्शकों ने एक दिन टेलीविजन पर देखा कि अमेरिका के राष्ट्रपति बराक ओबामा अर्थव्यवस्था, शिक्षा, रक्षा, आर्थिक मंदी आदि विषयों पर कुछ बोल रहे थे एवं स्पष्टीकरण दे रहे थे और वे जिस व्यक्ति के सवालों का जवाब दे रहे थे, वह कोई और नहीं बल्कि मार्क जुकरबर्ग थे। देखनेवाले हैरान थे कि दोनों ने एक ही रंग की टाई और कोट पहन रखा था। मार्क ओबामा से आर्थिक मंदी पर ऐसे-ऐसे सवाल कर रहे थे जैसे कोई गूढ़ विशेषज्ञ बात कर रहा हो। कार्यक्रम के अंत में राष्ट्रपति ओबामा ने मार्क से हँसी में यह कहकर बात समाप्त की कि यदि आप और हम जैसे लोग पूरा टैक्स चुकाने लगें तो देश की अर्थव्यवस्था काफी मजबूत हो सकती है।

> *"यदि हमें सबसे अच्छा प्रभाव डालना है तो अपनी नीति यही होनी चाहिए*
> *कि हम बड़ी समस्याओं पर अपना ध्यान केंद्रित करें और उनके हल खोजें।*
> *फेसबुक कंपनी में हम इसी बात का बहुत ध्यान रखते हैं।"*

□

एंटी-पाइरेसी

एंटी-पाइरेसी बिल काफी समय से इस क्षेत्र से जुड़ी कंपनियों व सरकार के लिए एक समस्या है। मार्क भी अमेरिका में प्रस्तावित एंटी-पाइरेसी बिल का प्रावधान करनेवाले दो विधेयकों के विरोध में उठ खड़े हुए थे। उन्होंने इन विधेयकों को बहुत खराब तरीके से बनाए गए विधेयक बताया और कहा कि इनसे समस्या का समाधान नहीं निकल पाएगा। मार्क ने फेसबुक पर प्रोटेक्ट आई.पी. एक्ट (पी.आई.पी.ए.) और स्टाप ऑनलाइन प्राइवेसी एक्ट 'सोपा' के विरोध में यह टिप्पणी की। इस टिप्पणी को मात्र दो घंटे में सोशल नेटवर्किंग वेबसाइट से जुड़े 2,80,000 लोगों ने पसंद किया।

उन्होंने इसमें लिखा था कि दुनिया को जोड़ने और अधिक लोगों तक पहुँच बनाने के लिए इंटरनेट अत्यधिक सशक्त माध्यम है। हम इंटरनेट के विकास को बाधित करनेवाले इस प्रकार के कानून लागू नहीं होने देंगे। फेसबुक 'सोपा' एवं 'पीपा' और इस प्रकार के सभी कानूनों का विरोध करता है, जो इंटरनेट के विस्तार में पाबंदी लगाते हैं।

मार्क ने यह भी कहा कि इस समय दुनिया को इंटरनेट का समर्थन करनेवाले नेताओं की जरूरत है। फेसबुक ऑनलाइन पाइरेसी और कॉपीराइट के उल्लंघन को बहुत गंभीरता से लेती है। अमेरिकी अर्थव्यवस्था की मुख्य समस्या फेसबुक नहीं, बल्कि अन्य देशों की वे रद्दी वेबसाइटें हैं, जो अमेरिकी बौद्धिक संपदा अधिकार की चोरी करती हैं।

''सफल व्यक्ति के चेहरे पर केवल दो ही चीजें होती हैं—चुप्पी और मुसकराहट।''

□

फेसबुक बंद होने की अफवाह

खबर चौंकानेवाली जरूर थी, लेकिन किसी झटके से कम न थी। फेसबुक के बंद होने की खबर सुनकर यूजर्स एक बार के लिए तो सदमे में आ गए। दरअसल 'टाइम' पत्रिका ने 'वीकली वर्ल्ड' न्यूज द्वारा दी गई इस खबर कि फेसबुक 15 मार्च, 2011 को बंद हो रहा है, को मात्र एक अफवाह बताया है। इस पत्रिका ने ट्विटर द्वारा फेसबुक के लाखों-करोड़ों लोगों को इस बात की सच्चाई से अवगत कराया कि फेसबुक का बंद होने का कोई इरादा नहीं है। यह मात्र एक अफवाह है, जो अन्यथा ही लोगों को गुमराह करने के लिए फैलाई गई है।

पत्रिका ने स्पष्ट किया कि फेसबुक का अस्तित्व पहले जैसा ही कायम रहेगा और लोग इससे जुड़े रहेंगे। 'वीकली वर्ल्ड न्यूज' ने इस खबर में कहा था कि 15 मार्च, 2011 को कंपनी के मालिक मार्क जुकरबर्ग ने इसे बंद करने की घोषणा की है।

"मेरे लिए इसे सँभालना कठिन होता जा रहा है। यही नहीं, मैं अपने परिवार के लिए समय भी नहीं निकाल पा रहा हूँ, जिससे मेरा व्यक्तिगत जीवन भी बरबाद हो रहा है। मैं इस पागलपन को समाप्त करना चाहता हूँ और वापस अपनी पुरानी जिंदगी में लौटना चाहता हूँ। मुझे रुपए-पैसे की कोई चिंता नहीं है और न ही अधिक कमाने की चाह है।"

इस खबर ने विश्व भर में फेसबुक के यूजर्स को निराश कर दिया था। खबर में तकनीकी मामलों के उपाध्यक्ष अवरात ह्यूमैर्थी ने फेसबुक की ओर से यह बात स्पष्ट की—

"यह केवल एक अफवाह है और मैं इस खबर की कॉमेडी की प्रशंसा

करता हूँ। यह एक प्रकार से अप्रैल फूल बनानेवाली किसी घटना की तरह है, जो पूरी तरह से झूठी है।''

हालाँकि 'टाइम' पत्रिका ने इस खबर से संबंधित किसी प्रकार के स्रोत की जानकारी नहीं दी और न ही 'वीकली वर्ल्ड' ने उसके बाद से कोई अन्य खबर दी।

''विश्व को खुले तौर पर जोड़ना ही हमारा अभियान है।''

□

फेसबुक छोड़ो अभियान

वर्ष 2013-14 में फेसबुक ने अपने सुरक्षा नियमों को पहले से कुछ कड़ा कर दिया था, जिसके कारण इसके यूजर्स में काफी रोष दिखा। इसके कड़े सुरक्षा नियमों से नाराज यूजर्स ने एक समूह बनाकर फेसबुक पर फेसबुक के विरुद्ध ही अभियान चला दिया था। उन्होंने एक ऐसी वेबसाइट बनाई 'क्विट फेसबुक डे' (Quit Facebook Day), जिस पर फेसबुक यूजर्स ने 31 मई, 2010 को 'फेसबुक छोड़ो दिवस' के रूप में मनाने का आह्वान किया था। इस वेबसाइट पर संदेश है कि यदि आपको लगता है कि फेसबुक आपकी स्वतंत्रता, आपके निजी डाटा और वेब के भविष्य का सम्मान नहीं कर रहा तो 'फेसबुक छोड़ो अभियान' में हमारा साथ दे सकते हैं। इतना ही नहीं, यदि आप यह भी समझते हैं कि फेसबुक के प्रबंधन में किसी प्रकार की कोई कमी है तो भी आप इस अभियान में शामिल हो सकते हैं।

फेसबुक छोड़ना आसान नहीं है। यह इतना ही मुश्किल है, जितना कि धूम्रपान छोड़ना। यह एक ऐसी लत है, जो यूजर्स के छुड़ाए नहीं छूटती। फेसबुक उनके लिए एक रोजमर्रा का हिस्सा बनता जा रहा है और इससे जुड़ी अनगिनत कड़ियों से बाहर निकलना काफी मुश्किल काम है; लेकिन फिर भी, यूजर्स को अपने अधिकारों के लिए यह करना ही पड़ेगा।

इस वेबसाइट पर लगभग 40,000 से भी ऊपर की संख्या में यूजर्स फेसबुक छोड़ने की शपथ ले चुके हैं। उनका मानना है कि फेसबुक पर जुड़े होने के कारण वे अपने आपको बँधा हुआ-सा समझते थे। इससे निकलने के बाद वे उसी प्रकार से अपने आपको आजाद मानते हैं, जिस प्रकार कोई पक्षी पिंजरे से निकलकर आजादी की साँस लेता है और अपनी मन-मरजी से स्वतंत्रतापूर्वक उड़ सकता है।

''मेरे हिसाब से कंपनी चलाने के लिए दो चीजों की आवश्यकता होती है—सही मार्ग, जिस पर आप चलना चाह रहे हैं और वे लोग, जो आपको उस मार्ग पर चलने की सही दिशा दिखा सकें।''

□

सोशल नेटवर्किंग का भंडार : इंडोनेशिया

दक्षिण-पूर्व एशिया का देश इंडोनेशिया सोशल नेटवर्किंग साइटों के लिए मील का पत्थर साबित हो रहा है। इंडोनेशिया की आबादी लगभग 250 करोड़ है और यहाँ इंटरनेट यूजर्स की संख्या दिन-प्रतिदिन बढ़ रही है।

मार्क ने वर्ष 2014 में इंडोनेशिया दौरे के दौरान वहाँ के राष्ट्रपति जोको विडोडो से भी मुलाकात की। जोको विडोडो विश्व की तीसरी बड़ी लोकतांत्रिक व्यवस्था का संचालन कर रहे हैं। मार्क ने उन्हें अपनी कंपनी संबंधी भविष्य की योजनाओं से अवगत कराया।

जकार्ता के एक दैनिक 'ग्लोब' ने एक खबर का खुलासा किया है। मार्क के अनुसार, ''इंडोनेशिया में बढ़ती हुई आबादी के कारण इंटरनेट सरकार के लिए अर्थव्यवस्था बढ़ाने का एक अच्छा स्रोत साबित हो सकता है और फेसबुक इसके लिए हर संभव सहायता देने के लिए तैयार है।''

मार्क ने यह भी सुझाव दिया कि इंडोनेशिया में सरकार व टेलिकॉम कंपनियों को एक साथ मिलकर कार्य करने की आवश्यकता है, जिससे इंटरनेट की गति में तेजी लाई जा सके और इसकी कनेक्टिविटी में भी सुधार किया जा सके।

इंडोनेशिया के प्रौद्योगिकी और संचार मंत्रालय के अनुसार, देश में अभी 8.2 करोड़ इंटरनेट यूजर्स हैं, जो पिछले वर्ष विश्व बैंक द्वारा उपलब्ध कराए गए आँकड़ों से दुगुने हैं।

विशेषज्ञों का मानना है कि फेसबुक का उपयोग करने के मामले में 6.9 करोड़ यूजर्स के साथ इंडोनेशिया का स्थान विश्व में चौथे नंबर पर है। इससे पहले अमेरिका, भारत और ब्राजील का स्थान आता है। यही नहीं, दक्षिण-पूर्व एशिया में यह मोबाइल फोन की बिक्री का सबसे बड़ा बाजार है। वर्ष 2014 के प्रथम तिमाही चरण में सबसे अधिक 73 लाख मोबाइल फोन की बिक्री हुई।

फेसबुक ने इंडोनेशिया में एक्सल एसिआटा (Axel Asiata) और रिक्सन (Ericsson) के साथ मिलकर ग्लोबल इंटरनेट में साझेदारी के लिए समझौता किया है। यह उम्मीद की जा रही है कि इन कंपनियों द्वारा देश में बेहतर इंटरनेट की सुविधा और प्रौद्योगिकी उपलब्ध कराई जाएगी।

"इस तकनीक से भरे युग ने हमें यह अवसर प्रदान किया है कि हम यह देख सकें कि लोग किस प्रकार अपनी सूचनाओं को एक-दूसरे तक पहुँचाते हैं।"

□

इबोला से जुड़ेगा फेसबुक

पश्चिमी अफ्रीका व आसपास के क्षेत्रों में इबोला नामक खतरनाक बीमारी से कई लोग जूझ रहे हैं और मौत का शिकार हो रहे हैं। इस खतरनाक बीमारी से लड़ने के लिए फेसबुक ने भी अपने कदम बढ़ा दिए हैं। मार्क ने लोगों से यह अपील की है कि वे भी इबोला-पीड़ितों की मदद के लिए आगे आएँ। इबोला से जिंदगी की जंग जीतने के लिए फेसबुक महत्त्वपूर्ण भूमिका निभाने जा रहा है। कहा जाता है कि फेसबुक बहुत जल्दी ऐसी नेटवर्किंग साइट बनाने जा रहा है, जिस पर मात्र एक क्लिक करने से आप इबोला से संघर्ष करनेवाले देश पश्चिम अफ्रीका व आसपास के कई देशों के पीड़ित नागरिकों को दान देकर उनकी सहायता कर सकते हैं। 'फेसबुक' ने इस पेज पर कई संगठनों को अपने साथ जोड़ने की जानकारी भी दी, जिनके माध्यम से इबोला से लड़ने के लिए मदद की जा सकती है।

पश्चिमी अफ्रीका व आसपास के क्षेत्रों में अभी तक करीब 5,000 से भी अधिक लोग इस खतरनाक बीमारी का शिकार होकर अपनी जान गँवा बैठे हैं। मार्क ने वर्ष 2014 में इबोला-पीड़ित लोगों की सहायता के लिए 2.5 करोड़ डॉलर की राशि दान में दी। यह राशि उन्होंने 'सेंटर फॉर डिजीज कंट्रोल एंड प्रिवेंशन' (Center for Disease Control and Prevention) नामक एक संस्था को दी, जो इबोला से संघर्ष कर रहे लोगों की सहायता कर रही है। यही नहीं, मार्क ने अपनी वेबसाइट 'फेसबुक' पर भी एक ऐसा बटन तैयार किया है, जिस पर मात्र एक क्लिक करने से यूजर्स आसानी से दान कर सकते हैं। कंपनी के अनुसार, यह बटन आनेवाले समय में फेसबुक पर दिखाई देना शुरू हो जाएगा। इस बटन पर क्लिक करते ही कई गैर-लाभकारी संगठनों की सूची दिखाई देगी, जो इस बीमारी से उबरने के लिए कार्यरत हैं।

"मैं रोजाना अपने आपसे यह सवाल पूछता हूँ कि मैं जो कर रहा हूँ, क्या वह ठीक है या फिर उससे भी बेहतर कुछ कर सकता हूँ?"

□

मार्क जुकरबर्ग : भारत में

मार्क अक्तूबर 2014 में भारत यात्रा पर आए। उनकी भारत यात्रा बहुत ही महत्त्वपूर्ण रही, जिसमें कई नए विषयों पर विचार किया गया और फेसबुक के माध्यम से उन्हें लागू करने की योजनाएँ बनाई गईं। भारत के प्रधानमंत्री श्री नरेंद्र मोदी के साथ हुई मुलाकात में मार्क ने अपनी कंपनी की ओर से भारत को हर संभव सहायता देने की बात कही। मार्क ने बताया कि भारत में इस समय 24.3 करोड़ इंटरनेट यूजर्स हैं और उनमें से 10 करोड़ से अधिक लोग फेसबुक से जुड़े हुए हैं; किंतु सत्य तो यह है कि अब भी 1 अरब से अधिक लोगों तक इंटरनेट उपलब्ध नहीं है। उनका मानना है कि इंटरनेट हर व्यक्ति वर्ग की बुनियादी आवश्यकता बनता जा रहा है और इसकी उपलब्धता उसी प्रकार होनी चाहिए जैसे अमेरिका में 911 और भारत में 100 नंबर डायल करना होता है। मार्क प्रौद्योगिकी के माध्यम से समाज की सेवा करना चाहते हैं। 'इंटरनेट डॉट ओ.आर.जी.' के जरिए उद्योग जगत् ने विश्व के प्रत्येक व्यक्ति को इंटरनेट की सेवा देने का लक्ष्य रखा है। इस परियोजना के संस्थापक सदस्यों में फेसबुक सहित विश्व की कई जानी-मानी कंपनियों ने अपने कदम बढ़ाए हैं।

मार्क जुकरबर्ग की भारत यात्रा मोदी-मार्क मुलाकात के रूप में एक यादगार घटना के रूप में दर्ज की जाएगी। दोनों ने मानवता की सेवा के लिए बड़ी संख्या में लोगों को एक मंच पर जोड़नेवाली फेसबुक के प्रयोग से जुड़े कई विषयों पर चर्चा की। श्री मोदी ने मार्क के साथ स्वच्छ भारत के बारे में भी बातचीत की, क्योंकि प्रधानमंत्री ने एक बार पहले 'क्यों स्वच्छ भारत' और 2 अक्तूबर, 2014 को 'मेरा स्वच्छ भारत' की एक तसवीर के साथ एक वीडियो शेयर किया था। मार्क ने आश्वासन दिया कि वे भारत के प्रधानमंत्री का यह मिशन पूरा करने में उन्हें भरपूर सहयोग देंगे।

दोनों ने डिजिटल भारत के बारे में भी बातचीत की। मार्क ने उत्सुकता जताते हुए कहा कि वे डिजिटल भारत के सपने को भी पूरा करने में कोई कसर नहीं छोड़ेंगे। प्रधानमंत्री ने मार्क से डिजिटल भारत के कुछ डोमेन की पहचान करने के लिए भी आग्रह किया, जिससे फेसबुक को इसमें शामिल किया जा सके और हमें सहायता मिल सके। मार्क ने कहा कि फेसबुक जल्दी ही स्वास्थ्य व शिक्षा के साथ स्वच्छ भारत मोबाइल एप्लिकेशन बनाने में मदद करेगा और बहुत जल्दी इसकी शुरुआत भी की जाएगी। यह स्वच्छ भारत मिशन को भी मजबूत प्रोत्साहन देगा। मार्क ने यह भी बताया कि लगभग 65 प्रतिशत लोग फेसबुक का प्रयोग केवल अंग्रेजी के अलावा अन्य भाषाओं में करते हैं, जिसमें 10 भारतीय भाषाएँ शामिल हैं। फेसबुक वर्ष 2007 से कई ऐसे 'एप्स' व सेवाएँ बनाने में जुटी हुई है, जिससे अधिक-से-अधिक लोग स्थानीय भाषाओं से फेसबुक से जुड़ सकें।

श्री नरेंद्र मोदी ने कई आतंकवादी तत्त्वों के सोशल मीडिया के माध्यम से सदस्यों को जोड़ने की घटनाओं पर चिंता व्यक्त की। उन्होंने कहा, ''यह बहुत ही दुर्भाग्यपूर्ण है कि हमें आतंकवाद रोकने के लिए सोशल मीडिया की भूमिका के बारे में सोचना पड़ रहा है।''

श्री मोदी ने गुजरात के मुख्यमंत्री पद के दौरान गुमशुदा बच्चों को खोजने के लिए चलाए गए अभियान से मार्क को अवगत कराया और बताया कि उनके इस प्रयास से काफी अच्छे परिणाम सामने आए। उन्होंने मार्क से यह भी अपील की कि वे फेसबुक के माध्यम से भारत की समृद्ध पर्यटन क्षमता को भी बढ़ावा दें तथा इंटरनेट के साथ साक्षरता बढ़ाने के बारे में फेसबुक द्वारा यह कदम उठाएँ। मार्क ने भी अपनी ओर से हर संभव सहायता देने का वादा किया।

मार्क ने केंद्रीय संचार और सूचना प्रौद्योगिकी मंत्री श्री रविशंकर प्रसाद से भी मुलाकात की। श्री रविशंकर ने भारत आगमन पर मार्क का स्वागत किया और उन्हें इतनी कम उम्र में उनके द्वारा किए गए आविष्कारों व उपलब्धियों के लिए बधाई भी दी। मार्क ने भी उन्हें भारत में विश्व व्यापार समुदाय के आशावाद को फिर से जगाने के लिए बधाई दी। उन्होंने कहा कि फेसबुक के लिए भारत सर्वोच्च प्राथमिकता में रखा गया है।

श्री रविशंकर प्रसाद ने प्रधानमंत्री श्री नरेंद्र मोदी के डिजिटल भारत के सपने को फेसबुक के साथ शेयर किया। उन्होंने बताया कि डिजिटल भारत एक क्रांतिकारी योजना है, जो विकास और लोगों के सशक्तीकरण के एक नए युग का आरंभ करेगी और लोगों के लिए उन्नति के नए रास्ते खोलेगी। उन्होंने मार्क को जी.बी.ओ. मंच

की सफलता के बारे में और शासन में इसकी सहभागिता की भूमिका के बारे में भी अवगत कराया। उन्होंने श्री मोदी के 'मोबाइल पर सरकार' (Government on Mobile) के सपने के बारे में भी मार्क को बताया। उन्होंने यह स्पष्ट किया कि भारत सरकार का यह दृष्टिकोण फेसबुक के लिए अनेक अवसर प्रदान करता है। इ-वाणिज्य, इ-स्वास्थ्य, इ-शिक्षा, इ-स्वच्छता एवं सफाई अभियान और इस प्रकार के कई उभरते हुए क्षेत्रों में क्षमता दोहन करने के लिए फेसबुक के पास यह एक शानदार अवसर है।

मार्क ने यह भी इच्छा जाहिर की कि प्रत्येक व्यक्ति को इंटरनेट संबंधी सुविधाएँ मुफ्त में दी जानी चाहिए। उन्होंने जांबिया का उदाहरण देते हुए कहा कि वहाँ के लोगों को मुफ्त में बुनियादी सुविधाएँ देने में वहाँ की सरकार ने सफलता हासिल की है। इसी बात का हवाला देते हुए उन्होंने भारत सरकार से भी अनुरोध किया है कि वे भी फेसबुक के क्षेत्र में पहला कदम उठाएँ और इसे समस्त लोगों के लिए मुफ्त कर दें। श्री रविशंकर प्रसाद ने इस बात का स्वागत किया और कहा कि सरकार अपनी ओर से हर संभव प्रयास करने की कोशिश करेगी। भारत सरकार ने यह भी कहा कि फेसबुक के लिए यह शानदार अवसर है कि वह स्थानीय भारतीय उद्यमियों की विशाल क्षमता का प्रयोग करे। सरकार इस प्रयास में फेसबुक के लिए सभी तरह से सहयोग के लिए तैयार है।

मार्क अपनी भारत यात्रा के दौरान नई दिल्ली में एक बड़े समारोह के हीरो भी बने। internet.org नाम का यह कार्यक्रम दो दिन तक चला, जिसमें विश्व भर में इंटरनेट सेवाएँ उपलब्ध कराने और फेसबुक की उपयोगिता का आभास कराया गया। इसलिए इस कार्यक्रम को 'Conect The Unconected' का नाम दिया गया। इस समारोह में भारत के जाने-माने विशेषज्ञों ने भाग लिया।

मार्क जुकरबर्ग ने फेसबुक के द्वारा 83 देशों में कॉण्टेंट रेगुलेट करने, आपत्तिजनक पोस्ट छिपाने या हटाने का अनुरोध किया था। इन 83 देशों की सूची में भारत सबसे ऊपर था। भारत सरकार यूजर के अकाउंट में जाने का अनुरोध करने में विश्व में दूसरे नंबर पर थी। इस सिलसिले में अमेरिका सबसे आगे था, जिसने 23,667 खातों तक पहुँच बनाने का अनुरोध किया। भारत सरकार ने वर्ष 2014 के पहले छह महीनों में करीब 5,000 पोस्ट पर रोक लगाने का अनुरोध किया था। फेसबुक की गवर्नमेंट रिक्वेस्ट रिपोर्ट में 83 देशों के नाम हैं। फेसबुक द्वारा जारी की गई तीसरी गवर्नमेंट रिक्वेस्ट रिपोर्ट में यह जानकारी दी गई।

रिपोर्ट के इंडिया पेज पर कहा गया था कि अधिकारियों और इंडिया कंप्यूटर

इमरजेंसी रिस्पांस टीम (India Computer Emergencies Response Team) की ओर से किसी धर्म या राज्य की आलोचना पर प्रतिबंध लगानेवाले स्थानीय कानूनों के आधार पर हुए अनुरोध पर हमने भारत में कुछ सामग्री तक पहुँच पर प्रतिबंध लगाया। 10 करोड़ यूजर के साथ भारत में अमेरिका के बाद फेसबुक के सबसे अधिक इस्तेमाल करनेवाले यूजर्स हैं। फेसबुक के डिप्टी जनरल काउंसिल क्रिस साडर्बी ने एक ब्लॉग में लिखा कि पिछले वर्ष के मुकाबले दुनिया भर की सरकारों से आनेवाले इस तरह के अनुरोध में 24 प्रतिशत की वृद्धि दर्ज की गई है।

''लोगों की अधिक-से-अधिक जानने की जिज्ञासा ही उन्हें अधिक-से-अधिक लोगों से जोड़ती है।''

□

मार्क का भारत यात्रा में एजेंडा

1. इंटरनेट के प्रसार में साझेदारी

1.25 अरब की आबादीवाले भारत में अब तक सिर्फ 12.50 प्रतिशत लोगों के पास ही इंटरनेट की सुविधा है। नरेंद्र मोदी सरकार ने अपने विजन में इंटरनेट के प्रसार को प्रमुखता दी। अगर ऐसा होता है तो यह फेसबुक के लिए भी अच्छी बात होगी, क्योंकि उसे लाखों की संख्या में नए यूजर्स मिलने की संभावना है।

2. शिक्षा और इ-गवर्नेंस

कुछ महीने पहले अपनी भारत यात्रा में फेसबुक की सी.ओ.ओ. शेरिल सैंडबर्ग ने कहा था कि कंपनी के लिए भारत में जबरदस्त संभावनाएँ हैं। उन्होंने यह भी कहा था कि फेसबुक शिक्षा, स्वास्थ्य और कई अन्य क्षेत्रों में सरकार के साथ मिलकर रचनात्मक कार्य कर सकता है। मार्क ने इस एजेंडे को एक बार फिर से दोहराया।

3. टैक्स व्यवस्था और सफाई

भारत में व्यापार करना अंतरराष्ट्रीय कंपनियों के लिए आसान काम नहीं है। विश्व बैंक की एक रिपोर्ट के अनुसार, आसान व्यापार व्यवस्था वाले देशों की सूची में भारत 134वें पायदान पर है। नोकिया एवं वोडाफोन जैसी कंपनियाँ भारतीय टैक्स व्यवस्था से जूझती नजर आई हैं और हाल ही में दिल्ली हाई कोर्ट ने फेसबुक पर भी उचित टैक्स जमा नहीं करने पर सवाल उठाए।

4. फेसबुक से खुफिया जानकारी की माँग

वर्ष 2013 में भारत ने फेसबुक से 6,843 बार जानकारियाँ माँगी हैं, जो कई बड़े देशों से अधिक है। गूगल से सबसे अधिक जानकारी माँगनेवाले देशों की सूची में भारत पाँचवें स्थान पर है। तकनीकी क्षेत्र में सरकार के दखल का असर क्षेत्र

के विकास पर भी पड़ सकता है। मार्क ने इस बारे में भी अपनी चिंताएँ प्रधानमंत्री श्री नरेंद्र मोदी के सामने रखीं।

5. फेसबुक पर लाइक या कमेंट से जेल

बीते कई महीनों में भारतीय आई.टी. कानून के अंतर्गत कई फेसबुक यूजर्स को कथित आपत्तिजनक कमेंट करने या उसे लाइक करने पर जेल की हवा खानी पड़ी है। हालाँकि आपत्तिजनक क्या है, उसकी परिभाषा स्पष्ट नहीं की गई है।

"इस धरती पर कुछ लोग थोड़े समय के लिए आते हैं और संसार को कुछ दे जाते हैं।

हम ऐसी चीजों का निर्माण करना चाहते हैं, जिसे लोग सदियों तक याद रखें।"

□

भारत का प्रथम साइबर गाँव

अपनी भारत यात्रा के दौरान मार्क 10 अक्तूबर, 2014 को दिल्ली के निकट राजस्थान के जिले अलवर भी गए। वहाँ उन्होंने भारत के प्रथम साइबर गाँव 'चंदोली' में लोगों से मुलाकात की और बच्चों को इंटरनेट की गतिविधियों से अवगत कराया।

चंदोली गाँव में 1,300 परिवार हैं, जिसमें से प्रत्येक परिवार के 2 लोगों को इंटरनेट की जानकारी देकर प्रक्षिशित किया गया है। 'पायलेट प्रोजेक्ट' नाम की एक योजना के अंतर्गत इसका श्रीगणेश फरवरी 2014 में किया गया था। इस योजना को भारत सरकार और एक गैर-सरकारी संस्था के सहयोग से पूरा किया जा रहा है। चंदोली को 'साइबर विलेज' बनाने के लिए लगातार बच्चों व ग्रामीणों को साइबर तकनीक तथा इससे जुड़ी गतिविधियों से प्रशिक्षित किया जा रहा है।

कहा जाता है कि मार्क का यहाँ जाने का कार्यक्रम गोपनीय रखा गया था और किसी को भी कानोकान इसकी खबर नहीं हुई थी। उनके चंदोली पहुँचते ही उनका परंपरागत तरीके से स्वागत किया गया। मार्क ने स्थानीय लोगों के साथ बैठक कर लोक वाद्य का आनंद लिया तथा ग्रामीणों को साइबर तकनीक से जुड़ी कुछ महत्त्वपूर्ण जानकारियाँ भी दीं। मार्क ने स्कूली छात्रों द्वारा ऑनलाइन फॉर्म भरने की प्रक्रिया भी देखी और इसकी सराहना करते हुए कहा, "मुझे यह जानकर अच्छा लगा कि गाँव के लोग तेजी से इंटरनेट से जुड़ने की ओर कदम बढ़ा रहे हैं। भारत एक ऐसा देश है, जहाँ इंटरनेट का बहुत बड़ा क्षेत्र है और यहाँ के युवा तेजी से आगे बढ़ रहे हैं।"

उन्होंने कहा, "आम आदमी को इंटरनेट उपलब्ध कराना ही मेरा मकसद है।"

मार्क का मानना है कि फेसबुक का इस्तेमाल एक-दूसरे से संबंध स्थापित करने के लिए होना चाहिए, न कि उस पर गलत और अश्लील जानकारी पोस्ट

करने के लिए, जिससे समाज में अशांति फैलने का खतरा रहता है और फेसबुक की भी बदनामी होती है।

''समय को बदलना एक युद्ध के समान होता है, जिसे आसानी से नहीं जीता जा सकता।''

□

इंटरनेट : हर व्यक्ति की जरूरत

मार्क का सपना है कि विश्व के प्रत्येक व्यक्ति को इंटरनेट की सुविधा मिले। वे इसके लिए कोई भी कीमत चुकाने को तैयार हैं। उनका मानना है कि इंटरनेट आज के समय में हर व्यक्ति की जरूरत है। मेक्सिको में आयोजित एक कार्यक्रम के दौरान उन्होंने कहा, "मुझे इस बात की बहुत चिंता है कि देश-विदेश में अभी भी लाखों-करोड़ों लोग इंटरनेट की सुविधा से वंचित हैं। मैं अपनी ओर से इस काम का बीड़ा उठाता हूँ और इसके लिए अरबों-खरबों रुपए भी खर्च करने को तैयार हूँ।"

मार्क को पूरा विश्वास है कि आनेवाला समय फेसबुक के माध्यम से लोगों को बहुत फायदा पहुँचाएगा। इंटरनेशनल टेलिकम्युनिकेशंस यूनियन (आई.टी.यू.) ने यह संभावना व्यक्त की थी कि वर्ष 2014 के अंत तक समस्त विश्व में 3 अरब लोग इंटरनेट का इस्तेमाल करने लगेंगे। फेसबुक ने फोन ऑपरेटर्स के साथ मिलकर पिछले वर्ष ओ.आर.जी. इंटरनेट प्रोग्राम शुरू किया। इस कार्यक्रम के अंतर्गत फेसबुक अफ्रीका व एशिया में करोड़ों लोगों को इंटरनेट से जोड़ने का काम कर रहा है।

मार्क ने घोषणा की कि फेसबुक 10 लाख डॉलर का एक कोष बना रही है, ताकि डेवलपरों को किसानों, आव्रजकों व महिलाओं के उपयोग हेतु एप्प डेवलप करने में मदद की जा सके। स्थानीय भाषा में नए एप्प व सेवाओं के लिए एक प्रतियोगिता होगी। मार्क के अनुसार, वर्ष 2007 से ही फेसबुक स्थानीय भाषाओं में नए एप्प व सेवाओं पर काम कर रही है। लगभग 65 प्रतिशत लोग फेसबुक का इस्तेमाल अंग्रेजी के अलावा अन्य भाषाओं में करते हैं, जिनमें 10 भारतीय भाषाएँ शामिल हैं। "इंटरनेट के प्रसार में बाधाओं के सवाल पर उन्होंने कहा कि तीन प्रमुख बाधाएँ—कनेक्टिविटी नेटवर्क, वहनीयता व सामग्री हैं। बुनियादी इंटरनेट तक पहुँच वैसे ही होनी चाहिए जैसे अमेरिका में 911 और भारत में 100 नंबर

डायल करना होता है। उन्होंने कहा कि प्रौद्योगिकी को समाज की सेवा करनी है। उन्होंने कहा कि कनेक्टिविटी केवल धनी व शक्तिशाली लोगों का विशेषाधिकार नहीं हो सकता।

उनका यह भी कहना है कि इंटरनेट डॉट ऑर्ग के जरिए उद्योग जगत् ने दुनिया भर के लोगों के लिए इंटरनेट पहुँच वहनीय बनाने का लक्ष्य रखा है। इस परियोजना के संस्थापक सदस्यों में फेसबुक, एरिक्सन, मीडियाटेक, नोकिया, ओपेरा, क्वालकॉम तथा सैमसंग शामिल हैं।

''जहाँ तक मैं समझता हूँ कि लोग अपने बारे में ज्यादा-से-ज्यादा बताना चाहते हैं। आपको केवल उनसे मधुर संबंध बनाने की आवश्यकता है।''

□

मार्क का रीडिंग कार्यक्रम

नव वर्ष 2015 के आगमन पर मार्क ने फेसबुक पर कुछ और पुस्तकें शामिल करने का निर्णय लिया। उन्होंने फेसबुक के अपने पेज पर लिखा था कि वे अलग-अलग संस्कृतियों, विश्वासों और तकनीकों के बारे में जानने के लिए उत्सुक हैं। अपने इसी विचार को पूरा करने के उद्‌देश्य से उन्होंने वर्ष 2015 के प्रत्येक दूसरे सप्ताह में एक पुस्तक पढ़ने का संकल्प लिया। मार्क ने 'द ईयर ऑफ बुक्स' नाम से एक पेज भी बनाया है और अपनी इस परियोजना में अपने मित्रों से भी जुड़ने की अपील की। 4 जनवरी, 2015 तक इसे 1 लाख से भी अधिक यूजर्स ने लाइक किया। मार्क ने इस परियोजना के अंतर्गत मोसेस नैम द्वारा लिखित पुस्तक 'दि एंड फॉर पॉवर' (The End for Power) को चुना। यह पुस्तक बेस्ट सेलर की सूची में आती है।

मार्क ने लिखा कि ''मैं पुस्तकें पढ़ने को लेकर काफी उत्साहित हूँ और मुझे नए-नए तरह के अनुभव हो रहे हैं। पुस्तकें पढ़ने से न केवल बौद्धिक विकास होता है, बल्कि जीवन को नए रूप में जीने के साधन भी मिलते हैं और दिमाग भी खुलता है। पुस्तकें आज के जीवन में मीडिया की तुलना में किसी भी विषय को अधिक विस्तार से समझने का अवसर देती हैं।''

''आपके छोटे भाई-बहन जब स्कूल से निकलकर कॉलेज का रुख करते हैं तो उन्हें यह सीखना होता है कि वे अपने दोस्तों से कैसे बातचीत करें।

और उनसे कैसे मधुर संबंध बनाएँ।''

□

फिल्म 'द सोशल नेटवर्क'

मार्क जुकरबर्ग और उनके द्वारा बनाई गई वेबसाइट 'फेसबुक' पर आधारित एक फिल्म बनाई गई, जिसका नाम है 'द सोशल नेटवर्क'। यह फिल्म मार्क के जीवन और सोशल नेटवर्किंग वेबसाइट 'फेसबुक' के कई पहलुओं को दरशाती है। यह फिल्म विश्व की जानी-मानी फिल्म कंपनी 'कोलंबिया पिक्चर्स' द्वारा बनाई गई थी। इस फिल्म का निर्देशन डेविड फिंचर (David Fincher) द्वारा किया गया है। इस फिल्म की मूल कथा वर्ष 2009 में प्रकाशित, बेन मेजरिच (Ben Mezrich) द्वारा लिखित पुस्तक 'दि एक्सिडेंटल बिलियनरीज : द फाउंडिंग ऑफ फेसबुक, ए टेल ऑफ सेक्स, मनी, जीनस एंड बेट्रियल' (The Accidental Billionaires : The Founding of Facebook, A Tale of Sex, Money, Genius and Betrayal) पर आधारित है। इस फिल्म में जेसी आइसनबर्ग (Jesse Eisenberg) ने मार्क जुकरबर्ग की भूमिका निभाई है। इस फिल्म को 68वें गोल्डन ग्लोबल अवार्ड में बेस्ट मोशन पिक्चर-ड्रामा, बेस्ट डायरेक्टर, बेस्ट स्क्रीनप्ले और बेस्ट ऑरिजनल स्कोर का अवार्ड मिला।

जब एक प्रशंसक ने एक सार्वजनिक सवाल-जवाब सत्र के दौरान उनसे डेविड फिंचर द्वारा निर्देशित इस फिल्म की प्रामाणिकता के बारे में सवाल किया तो मार्क ने कहा कि उनके जीवन और काम से प्रेरित यह फिल्म उनके लिए नुकसानदेह है, क्योंकि फिल्म निर्माताओं ने कहानी लिखने में काफी छूट ली है। सच तो यह है कि किसी प्रौद्योगिकी की रचना, विकास और फिर उस पर एक कंपनी खड़ी करना कोई बहुत आसान और मजेदार बात नहीं है, जिस पर फिल्म बना दी जाए। यदि वह मेरी जीवनी पर फिल्म बनाना चाहते थे तो मेरे हिसाब से उसमें लगातार घंटों तक कंप्यूटर के सामने बैठकर काम करते और दिमाग लगाते हुए दिखाया जाता, जो कि फिल्म के लिए मजेदार बात नहीं होती। कुछ बातें तो उन्होंने सही दिखाईं,

जैसे कि कार्यालय की संरचना; लेकिन महत्त्वपूर्ण बातें छोड़ दीं, जैसे फेसबुक का निर्माण कैसे और क्यों हुआ, मैंने किन हालात में कार्य किया आदि। उन्होंने बस, इधर–उधर की चीजें जोड़कर फिल्म बना दी, जिसे मैं नुकसानदेह मानता हूँ।''

''हमारा मकसद लोगों के बारे में यह जानना नहीं कि वे क्या करना चाहते हैं,
बल्कि यह है कि वे अपने बारे में क्या बताना चाहते हैं?''

□

फेसबुक द्वारा अधिगृहीत कंपनियाँ

1.	19 जुलाई, 2007	पैराकी (Parakey)
2.	23 जून, 2008	कनेक्टयू (Connectu)
3.	10 अगस्त, 2009	फ्रैंड फीड (Friend Feed)
4.	19 फरवरी, 2010	ऑक्टाजेन (Octazen)
5.	2 मार्च, 2010	दिव्वी शॉट (Divvy-Shot)
6.	13 मई, 2010	फ्रैंडस्टर पैटेंट्स (Friendster Patents)
7.	26 मई, 2010	शेयर ग्रूव (Share Grove)
8.	8 जुलाई, 2010	नेक्स्टस्टॉप (Nextstop)
9.	15 अगस्त, 2010	चाई लैब्स (Chai Labs)
10.	20 अगस्त, 2010	हॉट पोटैटो (Hot Potato)
11.	29 अक्तूबर, 2010	ड्रॉप डॉट आई.ओ. (Drop.io)
12.	15 नवंबर, 2010	एफ बी डॉट कॉम (FB.com)
13.	25 जनवरी, 2011	रिलेशन (Relation)
14.	2 मार्च, 2011	बेलुगा (Beluga)
15.	20 मार्च, 2011	स्नैपटू (Snaptu)
16.	24 मार्च, 2011	रिकरिक (RecRec)
17.	27 अप्रैल, 2011	डे टुम (Day Tum)
18.	9 जून, 2011	सोफा (Sofa)
19.	9 जून, 2011	मेलरैंक (MailRank)

20.	2 अगस्त, 2011	पुश पॉप प्रेस (Push Pop Press)
21.	10 अक्तूबर, 2011	फ्रैंड डॉट ली (Friend.ly)
22.	8 नवंबर, 2011	स्ट्रॉब (Strobe)
23.	2 दिसंबर, 2011	गोवैल्ला (Gowalla)
24.	9 अप्रैल, 2012	इंस्टाग्राम (Instagram)
25.	13 अप्रैल, 2012	टैगटाइल (Tagtile)
26.	5 मई, 2012	ग्लांसी (Glancee)
27.	15 मई, 2012	लाइटबॉक्स डॉट कॉम (Lightbox.com)
28.	21 मई, 2012	कर्मा (Karma)
29.	18 जून, 2012	फेस डॉट कॉम (Face.com)
30.	14 जुलाई, 2012	स्पूल (Spool)
31.	20 जुलाई, 2012	एक्रिलिक सॉफ्टवेयर (Acrylic Software)
32.	24 अगस्त, 2012	थरैड्सी (Threadsy)
33.	28 फरवरी, 2013	एटलस (Atlas)
34.	मार्च 2013	ऑस्मेटा (Osmeta)
35.	14 मार्च, 2013	हॉट स्टूडियो (Hot Studio)
36.	23 अप्रैल, 2013	स्पेसपोर्ट (Spaceport)
37.	25 अप्रैल, 2013	पार्स (Parse)
38.	18 जुलाई, 2013	मोनॉयडिक्स (Monoidics)
39.	12 अगस्त, 2013	जिब्बीगो (Jibbigo)
40.	13 अक्तूबर, 2013	ओनैवो (Onavo)
41.	17 दिसंबर, 2013	स्पोर्टस्ट्रीम (Sportstream)
42.	8 जनवरी, 2014	लिटिल आई लैब्स (Little Eye Labs)
43.	13 जनवरी, 2014	ब्रांच (Branch)
44.	19 फरवरी, 2014	व्हाट्स एप (Whats App)
45.	25 मार्च, 2014	ऑक्यूलस वीआर (Oculus VR)
46.	27 मार्च, 2014	ऐसेंटा (Ascenta)

47.	24 अप्रैल, 2014	प्रोटोजेओ ओवाय (ProtoGeo Oy)
48.	7 अगस्त, 2014	प्राइवेट कोर (Private Core)
49.	26 अगस्त, 2014	वेव ग्रुप साउंड (WaveGroup Sound)
50.	6 जनवरी, 2015	विट डॉट ए आई (Wit.ai)
51.	8 जनवरी, 2015	क्विकफायर (Quickfire)
52.	9 जनवरी, 2015	अर्ली क्लूज एल एल सी (Early Clues LLC)

"अधिकतर डेवलपर्स पैसा बढ़ाने के लिए अपने व्यापार को विकसित करते हैं,
जबकि उन्हें अपनी सेवाएँ विकसित करनी चाहिए।"

□

'प्रिज्म' की अफवाह

अमेरिकी सरकार द्वारा इंटरनेट कंपनियों से विदेशियों से जुड़ी सूचनाओं पर गुप्त रूप से निगरानी रखने को लेकर मचे विवाद के बीच दो बड़ी कंपनियों गूगल व फेसबुक ने दावा किया है कि वे इस तरह की किसी सरकारी योजना में शामिल नहीं हैं। अमेरिका स्थित इन दोनों कंपनियों का कहना है कि राष्ट्रीय व अंतरराष्ट्रीय मीडिया में सुर्खियाँ बनने से पहले उन्हें इस तरह के किसी कार्यक्रम, जिसका कोड नाम 'प्रिज्म' है, की जानकारी नहीं थी।

मार्क ने अपने फेसबुक प्रोफाइल पेज पर भी लिखा कि फेसबुक अमेरिकी या किसी अन्य सरकार को अपने सर्वरों तक सीधे पहुँच देने के किसी भी कार्यक्रम का कभी हिस्सा नहीं रही। हमें किसी भी सरकारी एजेंसी से ऐसा कोई आग्रह या अदालती आदेश नहीं मिला, जिसमें थोक में सूचनाएँ माँगी गई हों, जैसा कि रिपोर्टों के अनुसार कहा गया था। अगर हमें ऐसा कुछ मिलता तो हम इसका आक्रामक विरोध करते। हमने इससे पूर्व कभी प्रिज्म के बारे में सुना तक नहीं था।

गूगल के सह-संस्थापक एवं सी.ई.ओ. लैरी पेज तथा मुख्य विधि अधिकारी डेविड रूमंड ने भी आधिकारिक बयान में ऐसा ही दावा किया है। इसमें कहा गया है कि पहली बात तो यह कि हम ऐसे किसी कार्यक्रम में शामिल नहीं हुए, जिससे अमेरिकी या किसी अन्य सरकार को हमारे सर्वरों तक सीधी पहुँच मिले।

दोनों कंपनियों द्वारा यह बात भी स्पष्ट की गई है कि उन्हें सरकार द्वारा डाटा केवल कानूनों के हिसाब से मिलता है। अत: इस प्रकार की कोई कारवाई होने का तो सवाल ही नहीं उठता।

"अपने कार्य में तेजी लाओ, इतनी तेजी कि सारे रिकॉर्ड तोड़ डालो।"

□

ग्राफ

अपने यूजर्स के लिए मार्क हमेशा कुछ-न-कुछ नया करते रहे हैं। उनके इसी सपने को पूरा करनेवाली दुनिया की सबसे बड़ी सोशल नेटवर्किंग साइट फेसबुक ने एक नया फीचर शुरू किया, जिसका नाम है 'ग्राफ'। देश-विदेश में फैले अपने करोड़ों यूजर्स के लिए इस नए फीचर को फेसबुक के सी.ई.ओ. मार्क जुकरबर्ग ने पेश किया है। इस नए सर्च इंजन से चीजों को सर्च करने का तरीका एकदम बदल जाएगा।

न्यूज फीड और टाइमलाइन को पेश करने के बाद फेसबुक द्वारा शुरू की गई ये कई सेवाएँ अपने आप में सबसे अलग हैं। नई तरह का यह सर्च बार फेसबुक पेज के ऊपर दिखाया जाएगा। कुछ दिन पहले फेसबुक ने यूजर्स की प्राइवेसी के लिए नए फीचर्स को भी पेश किया था। ग्राफ सर्च को भी कंपनी ने प्राइवेसी का ध्यान रखकर तैयार किया है। पहले संस्करण में ग्राफ सर्च सिर्फ चार तरह की सर्च—लोग, फोटो, जगह और शौक के बारे में शो करेगी।

फेसबुक की तरफ से दिए गए बयान के अनुसार, ग्राफ सर्च को शुरू करने का मकसद लोगों को उनके दोस्त और रिश्तेदारों के शौक के बारे में जानकारी देना है। कैलिफोर्निया में नए फीचर को पेश करने के मौके पर मीडिया से मुखातिब होते हुए मार्क ने कहा कि इसे 'ग्राफ सर्च' कहा जाएगा, जिसके जरिए आप अपने दोस्तों को कंटेंट के जरिए सर्च कर सकते हैं। इसके जरिए आप लोगों को उनके शौक और जो स्थान उन्होंने दरशाया हुआ है, उसके अनुसार भी सर्च कर सकते हैं। मार्क ने कहा कि आप इसके जरिए यह भी जान सकते हैं कि आपका कौन सा दोस्त सैन फ्रांसिस्को में रह रहा है। फेसबुक ने ग्राफ सर्च के लिए 'बिंग' से हाथ मिलाया है। इस सर्च इंजन पर अंग्रेजी के शब्दों से ही सर्च किया जा सकेगा। इस टूल से आप फोटो भी सर्च कर सकते हैं।

"यदि मैं अपना काम अब शुरू करता तो मुझे इसे कुछ अलग तरीके से करना पड़ता और मैं शायद बोस्टन से शुरुआत करता।"

□

ईरान द्वारा एप्स ब्लॉक करने के आदेश

मई 2014 में दक्षिण ईरान के एक जज ने फेसबुक के सी.ई.ओ. मार्क जुकरबर्ग को तलब किया। जज ने कहा है कि कई लोगों ने फेसबुक के इंस्टाग्राम और व्हाट्स एप द्वारा उनकी निजता के उल्लंघन की शिकायतें की हैं। इन्हीं सवालों का जवाब देने के लिए मार्क को बुलाया गया था। यह जानकारी ईरान की अर्ध-सरकारी न्यूज एजेंसी के पैरामिलिट्री बासिज फोर्स के एक अधिकारी रुहोल्ला मोमेन नसब के हवाले से दी गई। उसके अनुसार, जज ने दो एप्स ब्लॉक करने के भी आदेश दिए।

लेकिन इसके विपरीत मार्क के कोर्ट में पेश होने की कोई संभावना नहीं थी, क्योंकि अमेरिका और ईरान के बीच प्रत्यर्पण संधि नहीं है। पिछले ऐसे ही कुछ मामलों में आदेश का पालन नहीं हुआ है। ईरान की एक अन्य कोर्ट ने पहले भी इंस्टाग्राम ब्लॉक करने के आदेश दिए थे, लेकिन अब भी तेहरान के लोग इसका उपयोग करते दिख रहे हैं। पहले भी ईरान में कुछ वेबसाइटों और इंटरनेट एप्लीकेशंस को ब्लॉक करने की सूचनाएँ आईं, लेकिन असल में वे कभी ब्लॉक नहीं किए गए।

''विज्ञापन का सबसे प्रभावी ढंग यह होता है कि आप, जो बात लोगों तक पहुँचाना चाहते हैं, वह उसे देखते ही उनकी समझ में आ जाए। फेसबुक भी इसी प्रकार की लगातार कोशिश कर रहा है।''

□

पब्लिशिंग टूल

फेसबुक पर अपनी पोस्ट का प्रचार करनेवाले यूजर्स एवं विज्ञापनदाताओं को और अधिक सहूलियत देने के प्रयास में फेसबुक ने एक नया टूल लॉञ्च किया, जो विषय सामग्री को प्रचारित करने के लिए उपयोगकर्ताओं को ज्यादा अधिकार देगा। दिसंबर 2014 में लॉञ्च किए गए इस टूल के बारे में कहा गया कि विज्ञापनदाताओं के लिए सबसे बड़ा टूल रुचि लक्ष्यीकरण है, जो कि स्थानों, हस्तियों और खेल टीमों जैसी श्रेणी बनाने और उन्हें अपने पोस्ट से जोड़ने के लिए फेसबुक के डाटा का इस्तेमाल करेगा।

इस टूल के माध्यम से यूजर्स को अब यह तय करने का अधिकार मिलेगा कि किसी पोस्ट को न्यूज फीड में प्रचारित करने से किस दिन रोका जाए। इस दिन के बाद से पोस्ट का न्यूज फीड में प्रचार होना बंद हो जाएगा। इस टूल का उद्देश्य समाचार प्रकाशकों को प्रोत्साहित करना है, ताकि वे अधिक-से-अधिक खबरें समय पर प्रकाशित कर सकें। प्रचार का समय समाप्त होने के बाद प्रचारित सामग्री फेसबुक पर तो उपलब्ध रहेगी, लेकिन उसका प्रचार नहीं किया जाएगा। इस पब्लिशिंग टूल में एक टूल 'स्मार्ट पब्लिशिंग' भी होगा, जो कि शुरू में केवल एक निश्चित समूह के लिए ही उपलब्ध होगा और उन खबरों पर निगरानी रखेगा, जिन्हें यूजर्स फेसबुक पर पोस्ट कर रहे हैं और फिर उसे उन लोगों के न्यूज फीड में समाहित कर दिया जाएगा, जो उस कंपनी को पसंद करते हैं।

''मुझे अच्छी तरह याद है, जब मैं और मेरे दोस्त हर दूसरे दिन पिज्जा खाने चले जाया करते थे, फेसबुक के प्रथम संस्करण के बाद मैंने जाना कि एक अच्छी सर्विस के लिए कितनी मेहनत और तैयारी करनी पड़ती है।''

□

मार्क का Q&A सेशन

मार्क अपने प्रशंसकों को लाइव स्ट्रीमिंग के जरिए सवालों के जवाब देते हैं। वे Q&A with Mark सेशन में भाग लेते हुए फेसबुक यूजरों के द्वारा वोट किए गए प्रश्नों के उत्तर देते हैं।

मार्क का कहना है कि फेसबुक में यह परंपरा है कि हर शुक्रवार को कंपनी के सभी कर्मचारियों के साथ Question & Answer सेशन होता है, जिसमें कर्मचारी कोई भी सवाल पूछ सकते हैं। यह फेसबुक कंपनी का एक महत्त्वपूर्ण हिस्सा है। लोग अकसर कंपनी को आगे बढ़ाने या किन्हीं खास चीजों पर मेरी व्यक्तिगत राय के बारे में पूछते हैं। मैंने इससे बहुत कुछ सीखा है।

यूजर्स इस लिंक पर क्लिक करके उस फेसबुक पेज पर जा सकते हैं, जहाँ कमेंट करके वे सवाल पूछ सकते हैं—Question & Answer.

मार्क का यह भी कहना है कि लोग अकसर मुझसे यह सवाल पूछते हैं कि कंपनी एक ही दिशा में क्यों जा रही है? दुनिया में जो कुछ हो रहा है, उसके बारे में उनका क्या सोचना है और कैसे हम लोगों के लिए अपनी अच्छी सर्विस दे सकते हैं? मैंने इन सवालों से बहुत कुछ सीखा है और लोगों के सवाल हमें अच्छी सर्विस देने में मदद कर सकते हैं।

अपने इसी कल्चर को आगे बढ़ाते हुए मार्क ने फेसबुक यूजर्स और प्रशंसकों से प्रश्न पूछने के लिए एक पेज 'Q&A with Mark' तैयार किया। इस पेज पर जाकर आप कमेंट में अपने सवाल पूछ सकते हैं। मार्क ने लोगों से कहा है कि वे सवाल पूछें और साथ ही जो अच्छे सवाल हैं, उन्हें लाइक करें। लाइक करके वोट करने का फायदा यह है कि मार्क अधिक-से-अधिक अच्छे सवालों के जवाब दे पाएँ, तो जल्दी कीजिए। यदि आपके मन में भी फेसबुक से संबंधित या फिर मार्क जुकरबर्ग के लिए कोई सवाल है तो इस पेज पर जाइए और सवाल पूछिए।

"फेसबुक को एक अमेरिकन कंपनी बनाना मेरा उद्देश्य नहीं। मैं यह भी नहीं चाहता कि यह कंपनी अमेरिका के आदर्श विश्व भर में फैलाए। मैं चाहता हूँ कि आप इसे इस रूप में जानें कि यह आपके ही आदर्शों पर खरी उतरे।"

□

फेसबुक : कुछ अन्य आयाम

''किसी बड़े संगठन के निर्माण के लिए छोटी सी सोच ही काफी है, बशर्ते कि आप उसे पूरी लगन से पूरा करें।''

1. फेसबुक चैट

फेसबुक का उपयोग करनेवाले यूजर अपना एक प्रोफाइल पृष्ठ तैयार कर उस पर अपने बारे में जानकारी देते हैं। इसमें उनका नाम, तसवीर, जन्मतिथि, कार्यस्थल, विद्यालय और कॉलेज आदि का ब्योरा दिया होता है। इस पृष्ठ के माध्यम से लोग अपने मित्रों और परिचितों का नाम, इ-मेल आदि डालकर उन्हें ढूँढ़ सकते हैं। इसके साथ ही वे अपने मित्रों और परिचितों की एक अंतहीन शृंखला से भी जुड़ सकते हैं। फेसबुक के यूजर्स यहाँ पर अपना अलग समूह भी बना सकते हैं। यह समूह उनके विद्यालय, कॉलेज या उनकी रुचि, शहर, किसी आदत और जाति का भी हो सकता है। समूह कुछ लोगों का भी हो सकता है तथा इसमें और लोगों को शामिल होने के लिए भी आमंत्रित किया जा सकता है। इसके माध्यम से किसी कार्यक्रम, संगोष्ठी या अन्य किसी अवसर के लिए सभी जाननेवालों को एक साथ आमंत्रित भी किया जा सकता है।

लोग इस पर अपनी रुचि, राजनीतिक व धार्मिक अभिरुचि व्यक्त कर समान विचारोंवाले सदस्यों को अपना मित्र भी बना सकते हैं। इसमें और भी कई प्रकार के संपर्क आदि जोड़े जा सकते हैं। साइट के विकासकर्ता भी ऐसे कई कार्यक्रम तैयार करते रहते हैं, जिनके माध्यम से यूजर्स अपनी रुचियों को परिष्कृत कर सकें। फेसबुक में अपने या अपनी रुचि के फोटो अपलोड कर उन्हें एक-दूसरे के साथ शेयर कर सकते हैं। ये फोटो मात्र उन्हीं लोगों को दिखेंगे, जिन्हें यूजर्स दिखाना चाहते हैं। इसके लिए चित्रों को देखने का अनुमति स्तर निश्चित करना होता है।

चित्रों का संग्रह सुरक्षित रखने के लिए इसमें पर्याप्त जगह होती है। फेसबुक के माध्यम से समाचार, वीडियो और दूसरी संचिकाएँ भी बाँट सकते हैं।

2. स्टेटस अपडेट करना

फेसबुक पर यूजर्स को अपने मित्रों को यह बताने की सुविधा भी है कि किसी विशेष समय वे क्या कर रहे हैं या क्या सोच रहे हैं। इसे 'स्टेटस अपडेट' करना कहा जाता है। फेसबुक और ट्विटर के आपसी सहयोग के द्वारा निकट भविष्य में फेसबुक एक ऐसा सॉफ्टवेयर जारी करेगा, जिसके माध्यम से फेसबुक पर होनेवाले स्टेटस अपडेट को यूजर्स सीधा ट्विटर पर भी अपडेट कर सकेंगे। अब लोग अपने मित्रों को बहुत लघु संदेशों द्वारा यह बता सकेंगे कि वे कहाँ हैं, क्या कर रहे हैं या क्या सोच रहे हैं। फेसबुक पर किसी विशेष प्रोफाइल से लोगों के जुड़ने की संख्या सीमित होने के कारण स्टेटस अपडेट भी सीमित लोगों को ही पहुँच सकता है।

3. फेसबुक पर गुमशुदा बच्चों की तलाश

एक लापता और गुमशुदा बच्चे के लिए अपने माता-पिता से पुनः मिलना उनके जीवन की सबसे बड़ी खुशियों में से एक होता है। एक बच्चे का अपने माता-पिता से बिछुड़ जाना किसी बुरे सपने से कम नहीं होता। विश्व में लाखों की संख्या में ऐसे बच्चे होते हैं, जो अपने परिवारजनों से बिछुड़ जाते हैं या गुम हो जाते हैं। उनमें से कई तो सारी जिंदगी अपने परिवार से दोबारा मिल भी नहीं पाते और उनका जीवन न चाहते हुए भी ऐसा हो जाता है, जैसा उनके माता-पिता ने कभी सपने में भी नहीं सोचा था। मार्क ने फेसबुक की ओर से नववर्ष 2015 के शुरू होने पर यह घोषणा की है कि फेसबुक अब गुमशुदा बच्चों का पता लगाने में महत्त्वपूर्ण कदम उठाने जा रहा है।

फेसबुक ने 'एंबर' अलर्ट सुविधा के माध्यम से इस सामाजिक कार्य में साथ देने का बीड़ा उठाया है। नेशनल सेंटर फॉर मिसिंग एंड एक्सप्लॉइटिड चिल्ड्रन (National Center for Missing and Exploited Children) ने गुमशुदा बच्चों की तलाश के लिए फेसबुक से हाथ मिलाया है, जिससे उन्हें ढूँढ़ने में काफी सहायता मिलेगी। एक प्रवक्ता के अनुसार, जब अधिक-से-अधिक संख्या में लोग एक-दूसरे से जुड़ते जाएँगे तो गुमशुदा बच्चों को ढूँढ़ना और भी आसान होगा, खासतौर पर गुमशुदा होने के दो घंटे के भीतर। इसका सीधा सा तरीका यह भी है कि जब भी

किसी बच्चे के गुमशुदा होने की खबर फेसबुक पर आए तो उसे अधिक-से-अधिक संख्या में शेयर करें, जिससे वह सूचना अधिक-से-अधिक संख्या में लोगों तक पहुँच सके और उस गुमशुदा बच्चे के मिलने की संभावना भी अधिक हो जाए।

'एंबर' नाम का यह फीचर खासतौर पर बच्चों के लिए ही बनाया गया है। इसका सिद्धांत यह है कि जब भी कोई 17 वर्ष की उम्र से कम का बच्चा किसी अनजान व्यक्ति द्वारा अगवा कर लिया जाता है तो उस इलाके में एंबर अलर्ट द्वारा इसकी सूचना दे दी जाती है। फेसबुक द्वारा इसे अधिक-से-अधिक संख्या में उन यूजर्स को भेजा जाता है, जो इन बच्चों के लिए कुछ करना चाहते हैं तथा इनकी मदद के लिए हमेशा तैयार रहते हैं। अभी तक एंबर की सुविधा दो स्थानों अरकंसास तथा मिसीसिपी में दी गई है। मिसीसिपी से अभी तक 700 से अधिक गुमशुदा बच्चों को ढूँढकर लाया जा चुका है।

4. प्राइवेसी सेटिंग में बदलाव

फेसबुक ने एक बार फिर अपनी प्राइवेसी सेटिंग्स में कुछ बदलाव किए। इसके बाद प्राइवेसी सेटिंग्स करना आसान हो जाएगा और फेसबुक यूजर्स को ज्यादा परेशानियों का सामना नहीं करना पड़ेगा। जनवरी 2015 के शुरू होते ही फेसबुक ने एक नया टूल 'प्राइवेसी बेसिक्स' जारी किया है। विश्व की सबसे बड़ी सोशल नेटवर्किंग साइट 'फेसबुक' उन जानकारियों का इस्तेमाल करती है, जो उसके यूजर्स द्वारा शेयर की जाती हैं। नई सेटिंग्स से 'फेसबुक' यूजर्स को सहूलियत भी होगी और विज्ञापनों को भी बढ़ावा दिया जाएगा। जुलाई से लेकर सितंबर महीने तक फेसबुक ने 3 अरब डॉलर की कमाई की, जो पिछले साल के मुकाबले 64 प्रतिशत अधिक है।

'प्राइवेसी बेसिक्स' टूल को एनिमेशन के द्वारा समझाया गया कि यह कैसे उन चीजों को कंट्रोल करता है, जो वे फेसबुक पर शेयर करते हैं। उसमें इस तरह के सवालों के जवाब मिलेंगे, जो फेसबुक पर शेयर किया गया है, उसे कैसे डिलीट किया जाए। फेसबुक की पुरानी सेटिंग्स बहुत पेचीदा हैं। अब जो सेटिंग्स होंगी, वे पहले के मुकाबले केवल 30 प्रतिशत होंगी। फेसबुक द्वारा किए गए बदलाव इस प्रकार हैं—

1. प्राइवेसी बेसिक्स

इसके जरिए आप अफ्रेंड, ब्लॉक और अनटैग करने जैसी जानकारियाँ ले

पाएँगे; साथ ही आप यह भी तय कर सकेंगे कि आपके ऑडियंस कौन हों। यह सारी जानकारी कुल 36 भाषाओं में उपलब्ध कराई जाएगी।

2. आसपास की लोकेशंस

अगर आप अपनी लोकेशन फेसबुक पर डालेंगे तो वह आपको उस एरिया से जुड़ी जानकारियाँ उपलब्ध कराएगी। इस एरिया के मशहूर रेस्टोरेंट, लाइब्रेरी और सिनेमा आदि की जानकारियाँ भी आपको देगा।

3. 'टर्म एंड पॉलिसी' में भी बदलाव

फेसबुक ने 'टर्म एंड पॉलिसी' में भी बदलाव किए हैं, जिसे ये डाटा पॉलिसी कहते हैं। नई पॉलिसी अधिक आसान है। यह जानकारी देती है कि फेसबुक दूसरी चीजों में से कैसे डाटा एकत्रित करता है। फेसबुक यूजर्स के पास इस पॉलिसी पर कमेंट करने के लिए सात दिन होंगे। फेसबुक यूजर्स के कमेंट मिलने के बाद फिर इसका फाइनल वर्जन जल्द ही काम करने लगेगा।

5. फेसबुक के कर्मचारी

फेसबुक के नाम दुनिया की सबसे बड़ी सोशल नेटवर्किंग वेबसाइट का तमगा लगा हुआ है, जहाँ पर ढेरों इंजीनियर और डेवलपर काम करते हैं; लेकिन आज फेसबुक जिस मुकाम पर है, उसका श्रेय वहाँ पर काम करनेवाले सभी कर्मचारियों को ही जाता है। अभी हाल ही में फेसबुक को कर्मचारियों की सबसे पसंदीदा जगह माना गया था। उनका मानना है कि फेसबुक विश्व की सर्वोत्तम कंपनियों में से एक ऐसी कंपनी है, जहाँ कोई भी व्यक्ति कार्य करना चाहेगा और किसी-न-किसी रूप में इससे किसी-न-किसी रूप से जुड़ना चाहेगा। ऐसा करने में वह अपने आपको सौभाग्यशाली समझेगा। लेकिन कुछ कर्मचारी ऐसे भी हैं, जो वहाँ काम करने से खुश नहीं हैं। 'फेसबुक' में काम करनेवाले एक पूर्व कर्मचारी के अनुसार, फेसबुक में अपनी कोई भी प्राइवेसी नहीं है और न ही कोई व्यावसायिक दक्षता है। वहीं एक दूसरे कर्मचारी के अनुसार, फेसबुक में कभी-कभी 24 घंटे और सप्ताह के सातों दिन काम करना पड़ता है।

इस साल कंपनी में काम करनेवाले इंटर्न नामक कर्मचारी को 74,000 डॉलर सैलरी दी गई है, जो किसी दूसरी कंपनी के मुकाबले काफी अधिक है। फेसबुक के प्रवक्ता का कहना है कि वे उन लोगों पर कोई कमेंट नहीं करना चाहेंगे, जिन्हें फेसबुक में काम करना पसंद नहीं। निम्न कारणों की वजह से कुछ फेसबुक कर्मचारियों को वहाँ काम करना पसंद नहीं है—

1. प्राइवेसी न होना

कुछ कर्मचारियों के अनुसार, फेसबुक के कार्यालय में कोई प्राइवेसी नहीं है। फेसबुक में काम करनेवाले पूर्व कर्मचारियों का कहना है कि कंपनी में कर्मचारियों को अपने आप में मोटीवेट किया जाता है, जिसकी वजह से वहाँ पर व्यावसायिक दक्षता की कमी है; साथ ही किसी की भी कोई प्राइवेसी नहीं है, जिससे उन्हें कभी-कभी काम करने में परेशानी होती है।

2. फोकस में कमी

फेसबुक में हर काम अंदाजे से किया जाता है। यदि वह कामयाब हुआ तो ठीक है, नहीं तो पूरी टीम एक-दूसरे पर आरोप लगाती है। 'फेसबुक' में इंटर्नशिप करनेवाले एक कर्मचारी के अनुसार कंपनी में इन्फ्रास्ट्रक्चर की कीमत है।

3. आंतरिक ढाँचा बाहर जैसा नहीं

''बाहर से जैसी दिखती है, अंदर से वैसी नहीं है फेसबुक।'' जी हाँ, ऐंसा ही कहना है वहाँ के एक अस्थायी कर्मचारी का। हो सकता है, आप यह सोच रहे हों कि अगर मैं फेसबुक में काम कर रहा होता तो कितना अच्छा होता, हर कोई 200 अरब डॉलरवाली कंपनी में काम करना चाहेगा। लेकिन इसके अंदर का सिस्टम कुछ और ही है। फेसबुक में अस्थायी रूप से काम करनेवाले एक कर्मचारी का कहना है कि शायद वे मेरी जिंदगी के सबसे खराब दिन थे, जो मुझे सबसे खराब टीम लीडर के साथ काम करना पड़ा। अस्थायी कर्मचारी होने की वजह से सभी आपको ऐसे दुत्कारते हैं जैसे आप कोई कूड़ेदान हों।

4. अधिक समयावधि

फेसबुक में इंजीनियर के पद पर काम करनेवाले एक इंजीनियर कीथ एडम्स के अनुसार, उन्हें कई बार पूरे सप्ताह रात-दिन काम करना पड़ता है। यहाँ तक कि सप्ताह के अवकाश के दौरान भी वे काम करते हैं। कॉल ड्यूटी के समय उन्हें हमेशा सर्विस के लिए तैयार रहना पड़ता है। एक अन्य फेसबुक के पूर्व कमर्चारी के अनुसार, वह फेसबुक में 12 से 14 घंटे तक काम करता था, जिसके कारण वह अपने परिवार से काफी दूर होता चला गया था।

6. कार्यालयों में फेसबुक

मार्क ने ऑफिस जानेवाले अपने यूजर्स के लिए फेसबुक के एक अलग प्रकार के संस्करण की योजना बनाई है। वे बहुत जल्द एक अलग प्रकार की फेसबुक

वेबसाइट लाने वाले हैं। इस वेबसाइट को अब ऑफिसों में भी इस्तेमाल किया जा सकेगा, क्योंकि अधिकतर ऑफिसों में फेसबुक के इस्तेमाल पर बैन लगा होता है। कारण स्पष्ट है, फेसबुक पर दोस्तों की लंबी-चौड़ी लिस्ट देखकर लोग उनके पोस्ट और तसवीरों को देखने में ज्यादा समय बरबाद कर देते हैं, जिससे काम व समय दोनों का नुकसान होता है। इसी को देखते हुए कंपनी 'फेसबुक एट वर्क' (Facebook at work) नाम की प्रोफेशनल वेबसाइट लॉञ्च करने पर काम कर रही है। इस नई वेबसाइट के माध्यम से अब फेसबुक अन्य प्रोफेशनल वेबसाइटों जैसे लिंक्डइन, माइक्रोसॉफ्ट और गूगल की टक्कर में आ जाएगी। एक रिपोर्ट के अनुसार, फेसबुक की इस नई वेबसाइट का लुक इसके इंटरफेस की ही तरह दिखाई देगा; लेकिन इसके फीचर में यूजर्स को अपने ऑफिस के किसी सहयोगी या मित्र से चैट करने, उनके साथ दस्तावेजों पर काम करने और कार्यालय संबंधी विषयों पर बातचीत करने की आजादी मिलेगी।

लेकिन 'फेसबुक एट वर्क' वेबसाइट में लोगों को अपने न्यूजफीड में अन्य लोगों की पोस्ट या फिर दूसरों के प्रोफाइल को देखने की इजाजत नहीं मिलेगी। रिपोर्ट के अनुसार, फेसबुक के कर्मचारी आंतरिक रूप से अभी इस वेबसाइट के इस्तेमाल की टेस्टिंग कर रहे हैं। फेसबुक ने इस नई वेबसाइट को पिछले वर्ष से ही तैयार करना शुरू कर दिया था। फेसबुक पर इस सर्विस के लिए अलग से कोई चार्ज नहीं लगेगा। यह वेबसाइट यूजर्स की कार्य संबंधी पहचान को सोशल प्लेटफॉर्म से अलग रखेगी।

7. फेसबुक एडिक्शन

इंटरनेट पर सोशल नेटवर्किंग साइटों का अत्यधिक इस्तेमाल न केवल लोगों को इनकी लत का आदी बना देता है, बल्कि कई तरह की स्वास्थ्य संबंधी समस्याएँ भी पैदा कर सकता है। एक ताजा अनुसंधान से पता चला है कि फेसबुक जैसी सोशल साइटों का अत्यधिक इस्तेमाल करने से आवेग पर नियंत्रण पाने की क्षमता में कमी आती है, जो मादक पदार्थों के सेवन की ओर भी अग्रसर कर सकता है।

अल्बानी विश्वविद्यालय की मनोविज्ञानी जुलिया होर्मेस ने 18 साल से अधिक उम्र के 292 स्नातक के छात्रों पर यह शोध किया और नशे की लत की संभावना पर मुख्यत: उनका मूल्यांकन किया। इस शोध में शामिल इन छात्रों में से 90 प्रतिशत छात्र फेसबुक पर सक्रिय हैं और इंटरनेट पर बिताए गए कुल समय का एक-तिहाई

सोशल साइटों पर व्यतीत करते हैं। सोशल साइटों के उपयोग करनेवाले लोगों में 10 प्रतिशत लोगों को अनुसंधानकर्ताओं ने सोशल साइट का इस्तेमाल करने की व्याधि से ग्रस्त पाया।

वेबसाइट 'टाइम्स यूनियन डॉट कॉम' (timesunion.com) पर प्रसारित शोध में अनुसंधानकर्ता ने कहा है कि इस शोध में हिस्सा लेनेवाले लोग सोशल साइट के आदी जैसे थे और जब उन्हें फेसबुक से दूर रखा गया और सोशल साइट का इस्तेमाल करने की अवधि के अंतर को बढ़ाया गया तो उनके स्वभाव में चिड़चिड़ापन आ गया। इसके अलावा, शोध में हिस्सा लेनेवाले लोग अपने आवेग पर नियंत्रण पाने की समस्या से भी ग्रस्त पाए गए, जो मादक पदार्थों के सेवन को बढ़ा सकता है।

8. फेसबुक के महत्त्वपूर्ण शॉर्ट कट

'फेसबुक' दुनिया भर में अपना जादुई असर फैला चुकी है और अधिकतर लोग इसके दीवाने बन चुके हैं। वैसे तो फेसबुक की शुरुआत मित्रों, सहकर्मियों, परिजनों के साथ-साथ नए लोगों से संपर्क बनाने के उद्देश्य को ध्यान में रखते हुए की गई थी, लेकिन अब यह सिर्फ लोगों के लिए मात्र संपर्क माध्यम नहीं रह गया है, बल्कि अपने उत्पाद को विज्ञापनों के जरिए लोगों तक पहुँचाने का सबसे उत्तम माध्यम बनता जा रहा है।

'फेसबुक' पर अब विभिन्न तरह की जानकारियाँ शेयर की जाने लगी हैं, जिनमें मार्केटिंग, ब्रांड-प्रमोशन, नौकरी के विज्ञापन, डेटिंग और शादी-ब्याह के प्रस्ताव के साथ-साथ कई तरह के प्रचार-प्रसार अभियान शामिल हैं। दुनिया भर के लोगों में फेसबुक बहुत तेजी से असर कर रहा है। लोग फेसबुक के इतने आदी हो चुके हैं कि इस पर अपडेट और चैटिंग में घंटों तल्लीन रहते हैं। यही वजह है कि अब कई कार्यालयों में इसके लिए पाबंदी या विशेष नियम लागू किए जा रहे हैं।

यदि आप भी फेसबुक का इस्तेमाल करते हैं तो आपको इसकी सामान्य जानकारी अवश्य होगी; जैसे स्टेटस अपडेट करना, फ्रैंड रिक्वेस्ट भेजना, किसी को फ्रैंड लिस्ट में जोड़ना या डिलीट करना, एफ.बी. वॉल, प्रोफाइल आदि की जानकारी। हालाँकि फेसबुक पर इसके अलावा भी कई और फीचर्स हैं, जिनके बारे में अधिकतर लोग नहीं जानते। ऐसी ही कुछ बेहद उपयोगी और दिलचस्प फेसबुक जानकारियाँ इस प्रकार हैं—

1. डिसलाइक बटन जोड़ना

'फेसबुक' पर लाइक बटन हर जगह मौजूद रहता है; लेकिन यदि आप चाहें तो पोस्ट पसंद नहीं आने पर लाइक की तरह ही डिसलाइक का बटन भी जोड़ सकते हैं। वैसे तो आमतौर पर कमेंट के जरिए भी अपनी राय व्यक्त की जा सकती है, लेकिन सोचिए, कितना अलग और मजेदार अनुभव होगा कि आपके स्टेटस अपडेट या आपकी शेयर की गई सामग्री को आपके दोस्त पसंद न आने पर डिसलाइक कर सकें। बस, इसके लिए जरूरी है स्टेटस मैजिक फेसबुक एप्प, जो आपके एफ.बी. अकाउंट में एक डिसलाइक बटन जोड़ देता है। इतना ही नहीं, आप स्वयं Hate, Disagree या फिर LOL जैसे दूसरे बटन भी जोड़ सकते हैं।

लोगों से अपने स्टेटस अपडेट छिपाना

यदि आप नहीं चाहते हैं कि कुछ लोग आपका स्टेटस अपडेट देखें तो 'What's on your mind' बॉक्स के नीचे 'Padlock' ऑप्शन पर क्लिक करें। इससे एक ड्रॉपडाउन मेनू आता है। इसमें 'Customize' ऑप्शन सिलेक्ट करने से 'Make this visible to' और 'Hide from' जैसे ऑप्शन आते हैं। इस ऑप्शन की सहायता से आप कुछ चुनिंदा लोगों के साथ ही अपना स्टेटस शेयर कर सकते हैं।

2. ऑनलाइन रहते हुए भी ऑफलाइन दिखना

यदि आप चाहते हैं कि आप फेसबुक पर ऑनलाइन रहते हुए भी चुनिंदा या सब लोगों को ऑफलाइन नजर आएँ तो इसका भी एक तरीका है। अपने स्क्रीन के दाईं ओर नीचे की तरफ मौजूद चैट ऑप्शन पर जाएँ और फ्रैंड्स ऑप्शन पर क्लिक करें। इसके बाद एक छोटी विंडो खुलेगी, जिसमें आप टाइप कर एक नई लिस्ट बना सकते हैं। उदाहरण के लिए, ब्लॉक लिस्ट।

इस ब्लॉक लिस्ट में आप उन लोगों का नाम डाल सकते हैं, जिनसे आप बात नहीं करना चाहते। इसके बाद आप अपने स्टेटस को इस खास ग्रुप के लिए ऑफलाइन सेट कर दें। इसके बाद आप फेसबुक पर तो होंगे, लेकिन इस ग्रुप को ऑनलाइन नजर नहीं आएँगे।

3. बिना फेसबुक के स्टेटस अपडेट करें

आप फेसबुक पेज पर जाए बिना भी 'Hellotxt' की मदद से अपना स्टेटस अपडेट कर सकते हैं। 'Hellotxt' फेसबुक समेत कई सोशल और नेटवर्किंग साइट्स का स्टेटस अपडेट करने में काम आता है।

4. फेसबुक फोटो एलबम डाउनलोड करें

'फेसबुक फोटो एलबम डाउनलोडर फेसपैड' की मदद से आप अपने फ्रैंड्स की फेसबुक एलबम, इवेंट एलबम या फिर ग्रुप एलबम को मात्र एक क्लिक की मदद से डाउनलोड कर सकते हैं।

5. माइक्रोसॉफ्ट आउटलुक के साथ फेसबुक का इस्तेमाल

कुछ लोग अपने ऑफिस या ऐसे कई स्थानों पर फेसबुक इस्तेमाल नहीं कर सकते। यदि ऑफिस के नियम आपको फेसबुक इस्तेमाल करने की इजाजत नहीं देते, लेकिन आपको फेसबुक इतना ज्यादा पसंद है कि स्टेटस अपडेट और लाइक से अपने आपको दूर रख पाना मुश्किल होता है, तो इसका भी उपाय है। इस उपाय की मदद से आप ऑफिस में बैठकर भी फेसबुक का इस्तेमाल कर सकते हैं।

वेबसाइट techhit.com नाम FB Look से एक छोटा सा टूलबार माइक्रोसॉफ्ट आउटलुक के साथ इंटीग्रेट कर देती है। इसकी सहायता से आप अपना स्टेटस अपडेट कर सकते हैं, अपनी या किसी भी फ्रैंड की फेसबुक वॉल पर पोस्ट की गईं फोटो, जानकारियाँ और मेसेज देख सकते हैं।

6. पोस्ट शेड्यूल करना

यह फेसबुक का एक नया फीचर है और किसी भी फेसबुक पेज के एडमिनिस्ट्रेटर के लिए बड़े काम की चीज है। शेड्यूल पोस्ट की मदद से आप किसी भी पोस्ट को अपनी मरजी से तय तारीख और समय पर पोस्ट कर सकते हैं; लेकिन यहाँ यह ध्यान रखना आवश्यक होता है कि आप अगले छह महीने की निश्चित समयावधि तक ही किसी पोस्ट को शेड्यूल कर सकते हैं। पोस्ट शेड्यूल करने के लिए आपको स्टेटस बार के नीचे बने घड़ी के चिह्न पर क्लिक कर पोस्टिंग की तारीख और समय सेट करना पड़ता है।

9. त्वरित संदेश

त्वरित संदेशोंवाले एप्लीकेशनों ने फेसबुक की लोकप्रियता को कुछ कम किया है। यह देखने में आया है कि किशोरों का अधिकतर समय अब फेसबुक की जगह त्वरित संदेशवाले एप्लीकेशनों पर अधिक बीतता है। यह बात 32 देशों के 1,70,000 इंटरनेट उपभोक्ताओं पर किए गए एक शोध में सामने आई है। अमेरिका और ब्रिटेन के 16 से 19 साल के 66 प्रतिशत किशोरों ने माना कि वे फेसबुक का प्रयोग अब कम करते हैं।

बाजार अनुसंधान कंपनी ग्लोबल वेब इंडेक्स (Global Web Index) द्वारा जारी रिपोर्ट '2014 की तीसरी तिमाही के लिए सोशल सारांश' में बताया गया कि हालाँकि किशोरों ने अभी तक पूरी तरह से सोशल नेटवर्किंग साइट को अलविदा नहीं कहा है, लेकिन एक-दूसरे से बातचीत कम कर दी है और यह समूह अब इसके प्रति अधिक निष्क्रिय होता जा रहा है।

शोध में बताया गया कि भले ही फेसबुक के पास यूजर्स की संख्या अधिक हो, लेकिन पिछले दो वर्षों में फोटो शेयर करने और संदेश भेजने में 20 प्रतिशत की कमी आई है।

स्ट्रीट इनसाइडर डॉट कॉम (streetinsider.com) की रिपोर्ट के अनुसार, तकरीबन 30 प्रतिशत किशोरों का कहना है कि वे अब फेसबुक का प्रयोग बहुत कम करते हैं, क्योंकि उनके मित्र संदेशों के लिए इंस्टाग्राम और अन्य संदेश एप्लीकेशनों का प्रयोग कर रहे हैं। स्नैपचैट किशोरों के बीच सबसे ज्यादा लोकप्रिय एप्लीकेशन के रूप में उभर रही है।

10. प्रोफाइल फोटो में निखार

वैसे तो अब तक आपको फेसबुक पर अपने किसी फोटो को अपलोड करने से पहले उसे चमकाने के लिए यानी कि उसके कंट्रास्ट, ब्राइटनेस आदि को एडजस्ट करने के लिए खासी परेशानी उठानी पड़ती थी; लेकिन अब आपको इसके लिए सिर्फ अपलोड बटन पर क्लिक करने की जरूरत होगी। जी हाँ! अब यदि आप फेसबुक पर कोई फोटो अपलोड करेंगे तो उसका कंट्रास्ट, ब्राइटनेस और लाइटिंग अपने आप सही हो जाएगा।

एप्पल के डिवाइसेज में आनेवाला यह ऑटो अपडेट जल्द ही एंड्रॉयड फोन के फेसबुक एप्प में भी शुरू होने जा रहा है। इससे पहले यह एक ऑप्शनल फीचर था, लेकिन अब आपके द्वारा डाली गई फोटो अपने आप ही सही हो जाएगी। हालाँकि पहले की ही तरह फोटो को क्रॉप करने और उसे फिल्टर करने के विकल्प भी होंगे, लेकिन फेसबुक की यह कोशिश है कि सभी अपलोड की गई फोटो बेहतर दिख सकें।

एडिट ऑप्शन इस्तेमाल करने के लिए आप जब किसी फोटो को अपलोड करने के लिए सिलेक्ट करेंगे और जब एप्प उसे अपने आप सही कर देगी तो एक छोटी सी 'जादू की छड़ी' (Magic Wand) नीले रंग की हो जाएगी। फोटो

अपलोड करने से पहले आपके पास इन इफेक्ट्स को कम या अधिक करने का विकल्प भी होगा।

11. प्राइवेसी सेटिंग

फेसबुक पर जनवरी 2015 से निजता नीतियों के साथ-साथ कई बड़े बदलाव किए गए। फेसबुक ने अपने यूजर्स को इ-मेल के जरिए और फेसबुक पर संदेश के जरिए इसकी जानकारी दी है। इस जानकारी के अनुसार फेसबुक अपनी डाटा नीति, कुकीज पॉलिसी और शर्तों को अपडेट करेगा, जिससे कि इसे समझने में लोगों को आसानी होगी।

1. लोगों के हाथ में नियंत्रण

यदि आप अलग-अलग उपकरणों पर फेसबुक का इस्तेमाल करते हैं तो आप क्या विज्ञापन देखें, इसका नियंत्रण भी आपके हाथ में आ जाएगा। निजता की नीति में बदलावों के अंतर्गत प्राइवेसी चेकअप को और सुधारा गया, ताकि आप किसके साथ क्या शेयर करें, इसका नियंत्रण आपके हाथ में रहे। इसके अलावा, ऑडिएंस सिलेक्टर को भी बेहतर किया गया है। कंपनी कुछ क्षेत्रों में खरीदारी के बटन को शामिल करने जा रही है, यानी आप फेसबुक पर खरीदारी भी कर सकते हैं। लेकिन यह बटन फिलहाल परीक्षण के स्तर पर ही होगा। इसके अलावा फेसबुक से जुड़ी और कंपनियों एवं एप्स के बारे में जानकारी और अधिक शेयर की जाएगी।

2. अपनी मरजी के विज्ञापन

पश्चिमी देशों के यूजर्स में इस बात को लेकर हमेशा चिंता रही है कि उनके बारे में जानकारी विज्ञापनकर्ताओं से कैसे साझा की जाती है। इस बारे में फेसबुक का मानना है कि इस नीति में कोई बदलाव नहीं होगा और वे विज्ञापनकर्ताओं को बिना बताए अपने यूजर्स के बारे में अधिक जानकारी नहीं देते हैं। इसी दिशा में आगे कदम बढ़ाते हुए फेसबुक से आपको यह अधिकार प्राप्त होगा कि आप किस तरह के विज्ञापन देखना चाहते हैं। फेसबुक का कहना है कि पूर्व में लोगों ने लैपटॉप पर कई विज्ञापनों को देखने से इनकार किया है, जो कि मोबाइल से हटाने संभव नहीं हुए हैं। अब चूँकि अधिक लोग मोबाइल, टैबलेट आदि पर हैं तो यह सुविधा इन उपकरणों पर भी दी जाएगी।

12. यदि हैक हो जाए एफ.बी. अकाउंट

यदि आपके फेसबुक अकाउंट पर किसी हैकर ने कब्जा कर लिया है और आप उसे एक्सेस (Access) नहीं कर पा रहे तो नीचे दिए गए किसी वेब पते पर जाकर अपना अकाउंट रिस्टोर (Restore) करने की प्रक्रिया शुरू कर सकते हैं—

facebook-com/hacked
facebook-com/help/security

फेसबुक अपने अकाउंट का कंट्रोल वापस हासिल करने में आपकी पूरी मदद करता है। यहाँ आप न सिर्फ अपने, बल्कि दूसरे लोगों के अकाउंट हैक होने की सूचनाएँ भी दे सकते हैं।

13. अपने अकाउंट का बैकअप बनाएँ

फेसबुक पर मौजूद डाटा की सुरक्षा आज एक बड़ी महत्त्वपूर्ण समस्या बनती जा रही है। ऐसे में अपने फेसबुक अकाउंट के कंटेंट को समय-समय पर डाउनलोड कर उसका बैकअप लेते रहने में ही समझदारी है। स्वयं फेसबुक भी अपने यूजर्स को ऐसा करने की सलाह देता है। यह काम बेहद आसान है।

यदि आप फेसबुक पर हैं तो कभी-न-कभी आपको अपने फोटो, कमेंट्स और दूसरे डाटा की सुरक्षा की चिंता जरूर हुई होगी। इसके कई कारण हो सकते हैं। तमाम सावधानियाँ बरतने के बावजूद इ-मेल और सोशल नेटवर्किंग खाते हैक कर लेने की घटनाएँ आएदिन होती रहती हैं। कई बार अपना अकाउंट हैक हो जाने के बाद आप बहुत मुश्किल से अपना अकाउंट तो वापस पाने में कामयाब हो जाते हैं; लेकिन निराशा तब होती है, जब अपना पूरा या थोड़ा डाटा गायब पाते हैं। कई अवसरों पर फेसबुक के नए-नए फैसले भी यूजर्स के मन में डर पैदा करते हैं कि उसका कोई खास फीचर बदल जाने या किसी नई पॉलिसी के आने पर आपका अकाउंट या डाटा आपसे जुदा न हो जाए। ऐसा भी होता है, जब कोई अपराधी किस्म का संगठन या हैकर पूरे-के-पूरे फेसबुक को ही मटियामेट कर देने की धमकी दे देता है।

ऐसी अवस्थाओं से बचने के लिए फेसबुक में पूरा निजी डाटा अपने कंप्यूटर में डाउनलोड करने की सुविधा होती है। आपके सारे संदेश, स्टेटस अपडेट, प्रोफाइल संबंधी जानकारी, फोटो, वीडियो, फ्रैंड्स संबंधी सूचनाएँ और वॉल पोस्ट आदि सबके सब डाउनलोड कर कंप्यूटर में स्टोर किए जा सकते हैं। यह सबकुछ

इस प्रकार होता है कि उसे कंप्यूटर में भी देखना और सर्फ करना संभव होता है। इसकी विधि इस प्रकार है—

अपने अकाउंट पर लॉग-इन कीजिए।

अपनी स्क्रीन पर फेसबुक पेज पर ऊपर दाईं ओर दिए Account लिंक पर क्लिक करें।

- अब Account Settings सिलेक्ट करें।
- खुलनेवाले पेज पर नीचे की ओर Download a copy of your Facebook data लिंक दिखाई देगा।
- इस लिंक को क्लिक करने पर नया पेज खुलेगा, जिस पर Start My Archive बटन होगा।
- आपके फेसबुक अकाउंट का बैकअप होना शुरू हो जाएगा। आपके प्रोफाइल में मौजूद कंटेंट के आकार के हिसाब से बैकअप तैयार होने की प्रक्रिया में कम या अधिक समय लग सकता है।
- यह प्रक्रिया पूरी होने पर फेसबुक में दर्ज किए गए इ-मेल पते पर आपको एक सत्यापन (Verification) मेल भेजा जाएगा।
- अपना इ-मेल अकाउंट खोलें और फेसबुक से आई इ-मेल खोलकर उसमें दिए लिंक को क्लिक करें।
- पूछे जाने पर अपना फेसबुक पासवर्ड डालें और फिर डाउनलोड बटन दबाएँ।
- आपका सारा फेसबुक डाटा एक 'जिप फाइल' के रूप में डाउनलोड होने लगेगा।
- पूरा डाटा डाउनलोड होने पर उसे किसी अनजिप सॉफ्टवेयर जैसे विनजिप, 7 जिप आदि के जरिए अनजिप कर लें। आपका फेसबुक अकाउंट का बैकअप तैयार है।
- कम-से-कम महीने में एक बार अपना प्रोफाइल डाटा डाउनलोड अवश्य करते रहें।
- जिप फाइल डाउनलोड होने के बाद उसमें मौजूद सामग्री का इस्तेमाल करना बहुत आसान है।
- जिप फाइल को अनजिप करने के बाद Photos और HTML नाम के दो फोल्डर बन जाते हैं—

- फोटोवाले फोल्डर में कुछ और सब-फोल्डर होते हैं, जैसे Profile Pictures, Wall Photos आदि।
- दूसरे फोल्डर HTML में कई तरह के वेब पेज और स्टाइल फाइलें होती हैं। इन फाइलों के नाम वही हैं, जो आपको फेसबुक के अलग-अलग विकल्पों में दिखाई देते हैं। जैसे 'मेसेज' नाम की फाइल में क्लिक करने पर आपके पसंदीदा इंटरनेट ब्राउजर में आपके द्वारा भेजे गए और रिसीव किए गए मेसेज दिखने लगते हैं।

फेसबुक से डाउनलोड की गई जिप फाइल में करीब-करीब वह पूरी सामग्री होगी, जो आपके फेसबुक पेज पर दिखाई देती है, जैसे कि आपकी टाइमलाइन जानकारी, आपके शेयर किए फोटोग्राफ, आपके द्वारा डाले गए वीडियो, सभी वॉल पोस्ट, भेजे गए और प्राप्त किए गए संदेश, चैट संदेश, आपकी तरफ से जोड़ी गई इवेंट्स की जानकारी, आपके नोट्स, फ्रैंड्स के नाम, जिन फ्रैंड्स ने शेयर करने की इजाजत दी है उनके इ-मेल पते।

यदि आपको इतनी सामग्री काफी न लगे तो फेसबुक से एक्सपैंडेड प्रोफाइल (Expanded Profile) डाउनलोड करने की सुविधा का भी इस्तेमाल भी किया जा सकता है। इसके लिए ऊपर दिए स्टेप-5 में खुलनेवाले पेज पर नीचे एक लाइन में लिखी जानकारी के बीच Expanded Archive का लिंक दिखाई देगा। इसे क्लिक करने के बाद आपको एक बार फिर पासवर्ड सत्यापन के लिए कहा जाएगा। इस सुविधा के अंतर्गत दर्जनों तरह की जानकारियाँ मिलती हैं, जिनमें बहुत सारी तकनीकी व प्रशासनिक किस्म की जानकारियाँ हैं, जैसे आपने किस गुट के यूजर्स को किस तरह के अधिकार दिए हैं और आपकी हर पोस्ट किस आई.पी. एड्रेस का इस्तेमाल करते हुए डाली गई है आदि।

आम लोगों को एक्सपैंडेड प्रोफाइल डाउनलोड करने की जरूरत नहीं है। आपके मन में यह सवाल भी आया होगा कि क्या मैं डाउनलोड होनेवाले कंटेंट को चुन सकता हूँ, जैसे सिर्फ फोटोग्राफ या सिर्फ मेसेज ? फेसबुक बैकअप में ऐसी कोई व्यवस्था नहीं है। आपकी सारी सामग्री एकमुश्त डाउनलोड होती है।

एक बात सुनिश्चित कर लें कि जब फेसबुक बैकअप बनाना इतना आसान है तो कोई हैकर भी आपका सामान्य या एक्सपैंडेड डाटा डाउनलोड करके आपके अतीत या भविष्य और वर्तमान का लेखा-जोखा नहीं रखेगा। यदि आपको यह चिंता है तो बेफिक्र रहिए, क्योंकि डाउनलोड का लिंक भेजे जाने से पहले और डाउनलोड लिंक वाली इ-मेल भेजे जाने के बाद आपसे दो बार अपने फेसबुक अकाउंट की

जाँच करने को कहा जाता है। यदि आप किसी ऐसे कंप्यूटर पर डाटा डाउनलोड कर रहे हैं, जिसके जरिए आमतौर पर फेसबुक नहीं चला करते तो फिर यह वेबसाइट सिक्योरिटी सत्यापन का एक और स्टेप पूरा करने के लिए कहती है। तब आपसे किसी दोस्त के फोटो से जुड़ा सवाल पूछा जाता है या फिर आपके मोबाइल फोन पर मेसेज आता है, जिसकी जाँच जरूरी होती है।

14. खतरा बनता फेसबुक

फेसबुक इंटरनेट के माध्यम से जुड़े लोगों के जीवन का एक अभिन्न अंग बनती जा रही है; परंतु कुछ साइबर विशेषज्ञ फेसबुक से उत्पन्न खतरों के बारे में समय-समय पर आगाह करते रहते हैं। 'चीफ सिक्योरिटी ऑफिसर ऑनलाइन' नाम की एक वेबसाइट के वरिष्ठ संपादक जॉन गुडचाइल्ड के अनुसार, "कई कंपनियाँ अपने प्रचार के लिए फेसबुक जैसे नेटवर्किंग माध्यमों का उपयोग करना चाहती हैं; परंतु ये कंपनियाँ ध्यान नहीं देतीं कि उनकी गोपनीयता अभी तक अनिश्चित है।"

शायद आप भी कभी-कभी यह महसूस करते होंगे कि फेसबुक पर रहना केवल समय की बरबादी है। इसके बाद भी यदि नजरें स्क्रीन से नहीं हटतीं तो आप अकेलेपन और अवसाद के शिकार हो सकते हैं। मार्क ने भले ही लोगों को फेसबुक के माध्यम से एक अनोखा मंच प्रदान किया है, लेकिन उनका मानना है कि—

"कुछ समय पूर्व लोगों के पास अपनी राय व्यक्त करने और दूसरों तक अपनी बात पहुँचाने का कोई जरिया नहीं था।"

ऐसे में फेसबुक ने लोगों की इस कमी को काफी हद तक पूरा किया है। लेकिन कहते हैं कि हर चीज की अति बुरी होती है। हाल ही में किए गए एक शोध में कहा गया है कि सोशल नेटवर्किंग साइटें प्रियजनों के संपर्क में रहने में मदद करती हैं, लेकिन इनका लगातार इस्तेमाल जीवन में कम संतुष्टि और उदासी की भावना की ओर धकेलता है। ऑस्ट्रेलिया के मनोचिकित्सकों क्रिस्टिना सैगिओग्लू एवं टोबिसास ग्रेटमेयर ने बताया कि निराशा और फेसबुक के बीच एक कड़ी है।

सी.बी.सी. न्यूज के 'द अर्ली शो ऑन सैटरडे मॉर्निंग' (The Early Show on Saturday Morning) नामक एक कार्यक्रम में गुडचाइल्ड ने फेसबुक से उत्पन्न पाँच ऐसे खतरों के बारे में बताया है, जिससे निजी और गोपनीय जानकारियों की गोपनीयता पर प्रश्नचिह्न लग गया है।

ये खतरे इस प्रकार से हैं—

1. डाटा बाँटना

फेसबुक पर अपडेट की गई जानकारी केवल घोषित मित्रों तक ही सीमित नहीं रहती है, बल्कि वह थर्ड पार्टी अनुप्रयोग विकासकर्ताओं (Third Party Application Developer) तक भी पहुँच रही है, जिसका वे गलत इस्तेमाल कर सकते हैं और कर भी रहे हैं।

2. बदलती नीतियाँ

फेसबुक पर प्रत्येक नए संस्करण के रिलीज होने के बाद उसकी प्राइवेसी सेटिंग बदल जाती है और वह अपने आप ही डिफाल्ट पर आ जाती है। यूजर्स चाहें तो उसमें बदलाव कर सकते हैं; परंतु काफी कम लोग इस ओर ध्यान दे पाते हैं।

3. मैलावेयर

फेसबुक पर प्रदर्शित विज्ञापनों की प्रामाणिकता का कोई वादा नहीं है। ये मैलावेयर हो सकते हैं और उन पर क्लिक करने से पहले यूजर्स को सोच-समझकर ही उन साइटों को खोलना चाहिए।

4. पहचान उजागर

फेसबुक यूजर्स के मित्र जाने-अनजाने में ही उनकी पहचान और उनकी कोई गोपनीय जानकारी दूसरों से साझा कर सकते हैं।

5. नकली अकाउंट

फेसबुक पर फिल्मी सितारों, खिलाड़ियों या अपने मनपसंद सेलिब्रिटियों को मित्र बनाने से पूर्व यूजर्स को चाहिए कि पहले उनके प्रोफाइल की अच्छी तरह से जाँच अवश्य कर लें। जालसाजों के द्वारा नकली अकाउंट बनाकर लोगों तक पहुँच पाना बहुत सरल है।

भारत में फेसबुक यूजर्स की संख्या 6.50 करोड़ से भी ज्यादा हो गई है। अभी दो वर्ष पहले यह संख्या सिर्फ 80 लाख थी। अंदाजा लगाया जा सकता है कि युवा वर्ग का मानसिक व बौद्धिक विकास इससे किस हद तक प्रभावित हो रहा है। अभी यह सोशल नेटवर्क कुल नौ भारतीय भाषाओं में उपलब्ध है, यानी भाषा की भी कोई बाधा नहीं है। स्कूल में पढ़नेवाले बच्चे हों या फिर कॉलेज जानेवाले युवा, कार्यालयों में काम करनेवाले कर्मचारी हों या फिर निजी व्यापार में लगे हुए लोग, फेसबुक जैसी अनगिनत सोशल नेटवर्किंग साइटों ने उन्हें अपने जाल में ऐसे जकड़ रखा है जैसे वे उन्हीं के लिए बनी हैं।

इसके कुछ फायदे हैं तो कुछ नुकसान भी हैं। फायदा यह है कि कम उम्र में

ही उनकी एक बहुत बड़ी दुनिया बन रही है। कुछ युवा अपनी क्रिएटिविटी के लिए भी इस प्लेटफॉर्म का इस्तेमाल कर रहे हैं। लेकिन इसका सबसे बड़ा नुकसान यह है कि युवा अकसर गलत सेल्फ-आइडेंटिटी डिवेलप कर रहे हैं। पॉपुलर कल्चर और मीडिया के असर में आकर वे अपनी छवि द्वारा अपना मूल्यांकन कर रहे हैं। इस सोशल प्लेटफॉर्म पर मिले कमेंट्स और मेसेज उनकी आइडेंटिटी का आधार बन रहे हैं। धीरे-धीरे उन्हें इस दुनिया में ही रहने की आदत बन जाती है। एफ.बी. पर फ्रेंड्स और लाइक की संख्या से उन्हें सेल्फ प्रमोशन मिलता है। यहाँ अंतर्मुखी स्वभाववाला किशोर भी मुखर दिखाई देता है। इस तरह दो पहचान के बीच की जिंदगी कई बार उनके व्यक्तित्व को दोहरा बना देती है। बढ़ती उम्र में अपनापन, सुरक्षा और जुड़ाव जैसी बुनियादी जरूरतें पूरी नहीं हो पातीं और यह उनके भीतरी बिखराव का कारण बन जाता है।

15. फेसबुक के फर्जी लाइक

बड़े-बड़े सितारे, कारोबारी और यहाँ तक कि अमेरिका का विदेश मंत्रालय भी पैसे देकर सोशल मीडिया पर अपनी लोकप्रियता बढ़ा रहा है। वे सब फेसबुक और ट्विटर पर फर्जी लाइक और फॉलोअर खरीद रहे हैं।

इनके चक्कर में दुनिया भर में 'क्लिक फार्म' बन गए हैं, जो दिन भर बैठकर माउस क्लिक करते रहते हैं। यू ट्यूब के वीडियो के व्यू बढ़ाते हैं, फेसबुक के लाइक बढ़ाते हैं और शेयर करते रहते हैं। 10 वर्ष पहले जब फेसबुक बना था तो लोगों ने अपने वित्तीय फायदों के लिए सोशल नेटवर्किंग वेबसाइटों का इस्तेमाल करना शुरू किया था। नए दोस्त बनाने शुरू किए और कारोबारी फायदा देखा।

लेकिन अमेरिकी समाचार एजेंसी 'एपी' का कहना है कि उसने इस विषय पर शोध किया है और उससे पता चला है कि कई कंपनियाँ फर्जीवाड़े में लगी हुई हैं। वे नकली क्लिक खरीद रही हैं। ऑनलाइन रिकॉर्ड, इंटरव्यू और विश्लेषण से पता चलता है कि सोशल मीडिया पर इस तरह का काम करने से करोड़ों रुपयों की कमाई भी होती है।

एक क्लिक का आधा सेंट भी कमाई का बड़ा जरिया बन सकता है। इनके तार 'लिंक्डइन' से लेकर दूसरी जगहों तक फैले हैं और इंटरनेट की आभासी दुनिया में ज्यादा क्लिक या बड़े नेटवर्कवाले लोगों को बेहतर मौके मिलने की संभावना रहती है। 'सियोक्लैरिटी' के सी.ई.ओ. मितुल गांधी कहते हैं कि जब भी कभी क्लिक

के साथ पैसे का मामला जुड़ा हो तो लोग उस तरफ बढ़ जाते हैं। इतालवी सुरक्षा रिसर्चर और ब्लॉगर आंद्रेया स्ट्रोपा और कार्ला डीमिचेली का दावा है कि वर्ष 2013 में ट्विटर के फर्जी फॉलोअर 4 से 36 करोड़ डॉलर का कारोबार प्रभावित कर सकते हैं। इसी प्रकार फेसबुक की गतिविधियों से 20 करोड़ डॉलर प्रभावित हो सकता है।

यही कारण है कि कई कंपनियाँ अपनी टीम के साथ फर्जी क्लिक की खरीद-बिक्री के धंधे में लगी हुई हैं। इन पर लगाम कसनेवाले जब भी एक तरीके को नाकाम करते हैं, कोई दूसरा तरीका उभर जाता है। यू ट्यूब ने कई ऐसे वीडियो को हटा दिया है, जिन पर फर्जी तरीके से बहुत ज्यादा व्यू दिखाया गया था। यू ट्यूब का मालिक भी उन लोगों से निपटने की कोशिश कर रहा है, जो फर्जी क्लिक के धंधे में लगे हुए हैं। फेसबुक की ताजा तिमाही रिपोर्ट में कहा गया है कि 1.18 अरब यूजर में से 1.41 करोड़ फर्जी हैं, जिन्होंने केवल क्लिक करने के उद्देश्य से अपने अकाउंट बना रखे हैं।

ट्विटर के जिम प्रोसर का कहना है कि आखिर में उनके अकाउंट सस्पेंड कर दिए जाते हैं और इसकी वजह से लोग फॉलोअर का नुकसान झेलते हैं। 'लिंक्डइन' के प्रवक्ता डो मैडे का कहना है कि कनेक्शन खरीदने से सदस्य के अनुभववाला खाना कमजोर होता है। इससे समझौते का उल्लंघन भी होता है और खाता बंद किया जा सकता है। गूगल की प्रवक्ता आंद्रेया फाविले कहती हैं कि गूगल और यू ट्यब उन खराब एक्टरों के खिलाफ काररवाई करता है, जो उनके सिस्टम को प्रभावित करने की कोशिश करते हैं।

ढाका में सोशल मीडिया का प्रमोशन करनेवाली कंपनी यूनीक आई.टी. वर्ल्ड के प्रमुख शैपफुल इस्लाम का कहना है कि वह अपने कर्मचारियों को पैसे देते हैं, ताकि वे उनके ग्राहकों के सोशल मीडिया पेज पर क्लिक करते रहें। इससे फेसबुक, गूगल और दूसरी कंपनियों को उन्हें पकड़ने में दिक्कत होती है। इस्लाम कहते हैं कि वे अकाउंट फर्जी नहीं हैं, असली हैं। हाल ही में फेसबुक से जुड़े सर्वे में पता चला है कि कई अंतरराष्ट्रीय सितारों के सबसे ज्यादा लाइक ढाका से आते हैं। उदाहरण के तौर पर, अर्जेंटीना के स्टार फुटबॉलर लियोनेल मेसी पर असंख्य लाइक आते हैं। हाल ही में अमेरिकी विदेश मंत्रालय ने कहा है कि इंस्पेक्टर जनरल की रिपोर्ट के बाद वह लाइक खरीदना बंद कर देगा। 4 लाख लाइकवाला विदेश मंत्रालय का पेज सबसे अधिक लोकप्रिय मिस्र की राजधानी काहिरा में है और इसके लिए मंत्रालय ने 6.25 लाख डॉलर खर्च किए हैं।

एक मामला तो ऐसा भी है, जब 10,000 लाइक वाला पेज बढ़कर 25 लाख तक

पहुँच गया। उदाहरण के तौर पर, बर्गर किंग सबसे अधिक पाकिस्तान के शहर कराची में लोकप्रिय है। दुनिया भर में कई ऐसी कंपनियाँ बन गई हैं, जो लोगों से पैसे लेकर उनके पेज के क्लिक बढ़ा रही हैं। इस कार्य के लिए उनके रेट भी तय हैं। इंस्टाग्राम इंजन 1,000 फॉलोअर 12 डॉलर में बेचता है। ऑथेंटिकहिट्स (Authentichits) 1,000 साउंडक्लाउड्स प्ले (Soundclouds play) सिर्फ 9 डॉलर में देता है। वीसेललाइक्स डॉट कॉम (wesalelikes.com) के प्रमुख का कहना है कि यह अच्छा धंधा है। कारोबारी फेसबुक लाइक खरीदते हैं, क्योंकि उन्हें इस बात का डर है कि यदि लोग उनके फेसबुक पेज पर जाएँगे और वहाँ सिर्फ 12 या 15 लाइक देखेंगे तो उनका बिजनेस प्रभावित होगा, जिससे उनके ग्राहक कम हो सकते हैं।

इंडोनेशिया में इस तरह का कारोबार खूब फल-फूल रहा है, जहाँ के लोग सोशल मीडिया को लेकर बहुत जुनूनी बताए जाते हैं। जकार्ता के एक रेस्टोरेंट में बैठे हनाफिया कहते हैं कि आज हम बड़े प्रतिद्वंद्वी बाजार में रह रहे हैं और प्रतियोगिता के लिए हमें कुछ खास ट्रिक अपनानी पड़ती हैं। 40 वर्ष के अली हनाफिया सिर्फ 10 डॉलर लेकर 1,000 ट्विटर फॉलोअर उपलब्ध कराते हैं। यदि सौदा 10 लाख फॉलोअर का करना है तो 600 डॉलर लगते हैं। उनके पास अपना सर्वर है और हर इंटरनेट प्रोटोकॉल एड्रेस के लिए हर महीने 1 डॉलर देते हैं। इसकी सहायता से वह हजारों सोशल मीडिया अकाउंट चलाते हैं। उनका कहना है कि इन अकाउंटों से हम कई फर्जी फॉलोअर तैयार कर सकते हैं।

आभासी दुनिया के इस फर्जी बाजार ने एक और रोजगार को बढ़ावा दिया है, वह है 'ऑडिटर'। लंदन में 'स्टेटस पीपल' नाम की कंपनी उन लोगों को ब्लॉक करने में सहायता करती है, जो फर्जी हैं। इस कंपनी के संस्थापक रॉबर्ट वॉलर का कहना है कि हमारे पास बहुत से ऐसे लोग हैं, जिन्होंने फर्जी लाइक खरीदे हैं। बाद में उन्हें लगा कि यह फिजूल आइडिया है और अब वे उनसे निजात पाना चाहते हैं।

अमेरिकी मार्केटिंग में लगे डेविड बुर्श का कहना है कि फर्जीवाड़े से क्लिक खरीदना एक खराब सौदा है और यदि विज्ञापन कंपनियों को इस बात का पता चल जाए तो वे उनके लिए इश्तिहार का इस्तेमाल नहीं करेंगे, जिन पर वे करोड़ों रुपए खर्च करती हैं।

16. क्या न करें?

सोशल मीडिया आज हमारे जीवन में एक महत्त्वपूर्ण भूमिका निभा रहा है और इसमें सबसे पहला नाम फेसबुक का आता है। एक ओर जहाँ यह फायदेमंद है,

वहीं इसके कुछ नकारात्मक पहलू भी हैं। यदि इसका उपयोग सही तरीके से किया जाए तो यह आपको कई लाभ पहुँचा सकता है; किंतु अगर इसका प्रयोग गलत रूप में किया जाए तो फेसबुक तुरंत आपको ब्लॉक भी कर सकता है। फेसबुक द्वारा यूजर्स की कई शर्तों को मानना पड़ता है, जिनके उल्लंघन करने पर फेसबुक आपके अकाउंट को ब्लॉक कर सकती है।

1. नकली नाम से बचें

नकली नाम के प्रयोग पर फेसबुक की नजर सबसे पहले पड़ती है। यदि आप किसी कंपनी या किसी वस्तु से मिलता-जुलता नाम रखते हैं तो फेसबुक आपको ब्लॉक कर सकती है। अत: फेसबुक पर अकाउंट बनाते समय नाम के संदर्भ में अत्यंत सावधानी रखें।

2. जल्दी-जल्दी लाइक या शेयर करने से बचें

यदि आप बहुत तेजी से या जल्दी-जल्दी किसी दोस्त या किसी ग्रुप में कोई लिंक या कुछ भी शेयर करते हैं तो फेसबुक को यह लगता है कि यह सब किसी यंत्रवत् तरीके से किया जा रहा है। यह भी एक कारण हो सकता है, जिसके कारण फेसबुक द्वारा आपको ब्लॉक किया जा सकता है।

3. ज्यादा फ्रैंड रिक्वेस्ट न भेजें

लोग अकसर अपने बिजनेस या वेबसाइट को यूजर्स प्रदान करने के लिए अधिक-से-अधिक संख्या में दूसरों को फ्रैंड रिक्वेस्ट भेजते हैं। अधिक संख्या में फ्रैंड रिक्वेस्ट भेजने पर भी आपके अकाउंट को ब्लॉक किया जा सकता है।

4. अश्लीलता न परोसें

अपनी फेसबुक वॉल पर या किसी ग्रुप में अश्लील या संवेदनशील सामग्री डालने पर फेसबुक आपको कड़ी चेतावनी देता है और इसका उल्लंघन करने की दशा में आपके अकाउंट को ब्लॉक भी कर सकता है।

5. लिंक व स्पैम डालने से बचें

किसी फेसबुक पेज के हर पोस्ट के नीचे कमेंट में कुछ लिंक डालना या स्पैम करना भी आपको भारी पड़ सकता है। यदि उस ग्रुप के एडमिन ने आपके खिलाफ रिपोर्ट कर दी तो आपके अकाउंट को बंद किया जा सकता है। फेसबुक में एक 'पोक' का बटन होता है, जिससे आप अपने किसी मित्र का ध्यान अपनी तरफ आकर्षित कर सकते हैं; किंतु सावधान रहें, इसका अधिक उपयोग करना आपके लिए मुसीबत का कारण बन सकता है और आपको अपने फेसबुक अकाउंट से हाथ धोना पड़ सकता है।

6. एक ही अकाउंट बनाएँ

कुछ लोग अपने नाम को तोड़-मरोड़कर फेसबुक पर एक से अधिक अकाउंट बना लेते हैं। एक से अधिक अकाउंट बनाना भी एक कारण है, जो आपके फेसबुक अकाउंट को ब्लॉक करने के लिए काफी है।

इसके अलावा, अधिक संख्या में फैन पेज लाइक करने पर भी खतरे की घंटी बज सकती है। किसी की कॉपीराइट सामग्री को अपने नाम से फेसबुक पर शेयर करना भी एक कारण है, जिससे आपके अकाउंट को ब्लॉक किया जा सकता है तथा किसी व्यक्ति द्वारा रिपोर्ट किए जाने की दशा में आपके साथ कड़ी कारवाई की जा सकती है। फेसबुक एक सामाजिक मंच है, जिसका उपयोग निर्धारित शर्तों के अनुसार किया जाना ही उपयोगी है। अत: सभी यूजर्स को इसे सावधानीपूर्वक ऑपरेट करना चहिए, जिससे इसकी मर्यादा बनी रहे।

एक फेसबुक यूजर होने के नाते निश्चित ही आपके टाइमलाइन पर भी ऐसे पोस्ट आए होंगे, जिसे आपके किसी फेसबुक फ्रैंड ने पोस्ट किया होगा; लेकिन उस पर क्लिक करते ही आपका अकाउंट हैक हो जाता है या फिर आपके ही नाम से वह पोस्ट और लोगों के पास चली जाती है। ऐसे में समस्या यह है कि कैसे पहचानें कि कौन है झूठी और बोगस पोस्ट? स्लोवाकिया के एंटी-वायरस और सिक्योरिटी सॉफ्टवेयर डिवेलपर ने छह ऐसी पोस्ट के बारे में बताया है, जिसे फेसबुक यूजर्स को कभी क्लिक नहीं करना चाहिए। ये पोस्ट हैं—

7. गिफ्ट कार्ड

आजकल सबसे तेजी से ऑनलाइन अपराध गिफ्ट कार्ड के जरिए किया जा रहा है, जो फ्री सैंपल्स और गिफ्ट देने का वादा करते हैं। फोटो शेयरिंग साइट 'पिनरेस्ट' (Pinerest) पर कुछ दिन पहले ऐसा ही गिफ्ट कार्ड स्कैम देखा गया था। ऐसे गिफ्ट कार्ड को क्लिक करने से यूजर्स को तो कुछ नहीं मिलता, बल्कि उनकी महत्त्वपूर्ण निजी जानकारी तीसरी पार्टी के पास चले जाने का खतरा रहता है।

8. अनजाने न्यूज सोर्स

इंटरनेट की ही तरह फेसबुक पर भी अनजाने न्यूज सोर्स पर क्लिक करने से बचें। साइबर क्रिमिनल्स न्यूज लिंक के रूप में यूजर्स की वॉल पर बोगस न्यूज पोस्ट करते हैं। लिंक पर क्लिक करते ही आप इनका शिकार बन जाते हैं।

9. डायट पोस्ट

मोटापा कम करना और परफेक्ट डाइटिंग प्लान या टिप्स के ऑफर फेसबुक यूजर्स की वॉल पर हमेशा आते रहते हैं। ये स्कैमर्स ही होते हैं। इसलिए ऐसे पोस्ट

से बचकर ही रहें और इन पर क्लिक न करें।

10. लाइक माँगनेवाली पोस्ट से बचें

किसी सामाजिक कार्य के लिए लाइक करने के अनुरोध वाले पोस्ट को लाइक न करें। बेहतर है कि आप फेसबुक एक्टिविटी लॉग में जाकर देखें कि कहीं आपने ऐसी कंपनी, प्रोडक्ट और साइट्स को लाइक तो नहीं किया है, जिसे आप दुनिया को बताना नहीं चाहते हैं।

11. ब्रेकिंग न्यूज

ऐसे लिंक, जो ब्रेकिंग या ग्लोबल न्यूज होने का दावा कर रहे हैं, इनसे दूर रहने में ही भलाई है। सामान्य तौर पर ऐसे लिंक बनी-बनाई पोस्ट के रूप में आते हैं। इनसे बचने में ही सावधानी है।

12. खुलासा या सच्ची कहानी

फेसबुक वॉल पर सबसे पहले ऐसी ही पोस्ट से बचने की जरूरत होती है। इन पोस्ट में किसी ब्रेकिंग, सिलेब्रिटी गॉसिप या किसी बड़े खुलासे का जिक्र किया होता है। लिंक पर क्लिक करने से पहले बेहतर है कि इसके संबंध में आप गूगल से इसकी सुनिश्चितता की जाँच कर लें।

17. फेसबुक का भविष्य

फेसबुक के यूजर्स के लिए यह हैरान कर देनेवाली बात है कि आनेवाले समय में इस साइट का अधिकतर हिस्सा अपने वर्तमान हिस्से से बिल्कुल अलग हो जाएगा। कैलिफोर्निया में एक सामुदायिक टाउन हॉल में लोगों को संबोधित करते हुए मार्क ने कहा कि अगले पाँच साल में फेसबुक का ज्यादातर हिस्सा वीडियो साइट में बदल जाएगा। फेसबुक ने मेसेंजर लॉञ्च किए जाने पर यूजर्स को जानकारी दी कि मेसेंजर एक बेहतर चीज है। यह लोगों को अपने दोस्तों से तुरंत प्रतिक्रिया पाने में मदद करता है।

मार्क ने वहाँ पर मौजूद दर्शकों को बताया कि अपने समुदाय में हर किसी को एक नई एप्लीकेशन रखने के लिए कहना बड़ा कठिन होता है; लेकिन फेसबुक को लगा कि अगर वह अपना अलग एप्लीकेशन लाए तो बेहतर और तेज मेसेजिंग उत्पाद उपलब्ध करा सकता है। इसी कार्यक्रम के दौरान एक व्यक्ति ने उनसे सवाल किया कि वे एक ही टी-शर्ट हर दिन क्यों पहनते हैं? इस सवाल के जवाब में उन्होंने हँसते हुए कहा—

"मेरे पास ऐसी ही कई शर्ट्स हैं। मैं हर दिन भूरे रंग की एक ही टी-शर्ट इसलिए पहनता हूँ, क्योंकि यह हमें बताता है कि हम समाज के प्रति अपने कर्तव्यों को लेकर कैसे सोचते हैं। अगर मैं अपने जीवन में किसी तुच्छ और बेकार चीज पर अपना समय व्यतीत कर रहा हूँ तो मुझे ऐसा कभी नहीं लगता कि मैं अपना काम कर रहा हूँ।"

18. डिस्लाइक

फेसबुक यूजर्स द्वारा काफी समय से यह माँग की जा रही है कि इस वेबसाइट पर लाइक की तरह 'डिसलाइक' (Dislike) का बटन भी होना चाहिए। पूरे विश्व में इस बात को लेकर चर्चा जोरों पर है। फेसबुक यूजर्स का एक बड़ा वर्ग ऐसा है, जो यह चाहता है कि फेसबुक पर डिसलाइक का बटन भी हो। हालाँकि इसके संस्थापक मार्क जुकरबर्ग को यह बटन पसंद नहीं है। उनका कहना है, "जैसा हम सोचते हैं, जरूरी नहीं कि वह दुनिया की नजर में भी अच्छा हो। जब आपकी पसंद को दुनिया नकार देती है तो आपके मान-सम्मान को ठेस पहुँचती है। यदि आपकी पोस्ट पर लाइक से ज्यादा डिसलाइक आएँगे तो आपकी भावनाओं को निश्चित तौर पर ठेस पहुँचेगी। इसीलिए हम फेसबुक पर डिसलाइक बटन नहीं रखना चाहते। यदि कोई यूजर किसी अन्य यूजर की पोस्ट पर उसका उत्साह बढ़ाने के लिए लाइक करता है तो उसी पोस्ट पर किसी अन्य यूजर द्वारा डिसलाइक होने की दशा में जिन लोगों का उत्साह बढ़ना होगा, वह भी नहीं बढ़ सकेगा। विज्ञापनदाता भी इस बटन को कभी पसंद नहीं करेंगे, क्योंकि यदि उनके उत्पाद पर अधिक संख्या में डिसलाइक आएँगे तो उनके उत्पाद की भी बदनामी होगी और उनकी ब्रांड वैल्यू भी खतरे मे पड़ जाएगी और यदि आपको किसी चीज को डिसलाइक करना ही है तो उसके लिए आप कमेंट करके आसानी से अपनी प्रतिक्रिया व्यक्त कर सकते हैं।"

19. फेसबुक से जुड़े कुछ रोचक तथ्य

फेसबुक की अपनी एक आलीशान पहचान है, जो हमारे रोजमर्रा के जीवन का हिस्सा बन चुकी है। इसमें कई ऐसी रोचक बातें छिपी हुई हैं, जिनके बारे में आपको पढ़कर हैरानी होगी। कुछ बातें तो आपको इतना आश्चर्यचकित कर देंगी कि आप दाँतों तले उँगली दबाए बिना नहीं रह पाएँगे। क्या आप जानते हैं कि फेसबुक पर अमेरिका की 83 प्रतिशत वेश्याओं के फैन पेज हैं ? कोलंबिया विश्वविद्यालय के एक रिसर्च ऑफिसर के अनुसार, पहले इन वेश्याओं ने स्वयं को क्रेगलिस्ट (Craigslist

Website) पर एडल्ट सेवा की श्रेणी में रखा हुआ था, लेकिन समय की माँग और बदलते समय को देखते हुए उन्होंने भी अपने आपको फेसबुक से जोड़ लिया।

आपको यह जानकर भी हैरानी होगी कि फेसबुक के रचयिता मार्क ने भी कभी हैकिंग जैसा काम किया था। उनका कहना है कि—

"हैकिंग भले ही एक बुरा काम है, किंतु यह उस रास्ते तक जाने का मार्ग है, जहाँ से उस वस्तु को पहले से अधिक बेहतर बनाया जा सकता है।"

आइसलैंड का संविधान भी फेसबुक की सहायता से लिखा गया है। यहाँ पहले डेनमार्क के संविधान को ही माना जाता था; लेकिन वर्ष 2011 में आइसलैंड ने अपना स्वयं का संविधान बनाने का फैसला किया और कुछ लोगों की काउंसिल बनाई। इस काउंसिल ने फेसबुक का सहारा लेकर लोगों से सुझाव मँगवाए और संविधान का प्रारूप तैयार किया। लोगों के सुझावों और टिप्पणियों के बाद ही आइसलैंड का संविधान तैयार किया गया। ऐसे कई अनोखे तथ्य हैं, जो फेसबुक को और भी गौरवशाली बनाते हैं।

फेसबुक विश्व की सबसे बड़ी सोशल नेटवर्किंग कंपनी है।

वर्ष 2011 के दौरान अमेरिका में तलाक लेने का सबसे बड़ा कारण फेसबुक बताया गया है। ऑनलाइन तलाक आँकड़ों के अनुसार, तलाक लेने में किसी-न-किसी वजह से फेसबुक जुड़ा हुआ था। ऑनलाइन तलाक के मामलों में यह पाया गया कि अधिकतर लोगों द्वारा अपने पार्टनर के चैट मेसेज, भद्दे कमेंट्स व फेसबुक मित्रों की सूची सबूत के तौर पर पेश किए गए। यह फेसबुक और ऐसी कई वेबसाइटों के आने से रिश्तों में बदलाव का एक कारण बनता जा रहा है।

मार्क जुकरबर्ग इस समय 25 अरब डॉलर के मालिक हैं।

फेसबुक का इस्तेमाल विश्व के लगभग 200 देशों में किया जाता है और इसके 70 से भी अधिक भाषाओं में संस्करण हैं।

4 जुलाई, 2004 को फेसबुक हार्वर्ड के छात्रों के लिए खोल दिया गया था।

हार्वर्ड से 'ड्रॉप आउट' का ठप्पा लगने के बाद मार्क कभी मुड़कर वहाँ वापस नहीं गए, लेकिन वहाँ गए तो केवल हार्वर्ड के छात्रों को अपनी कंपनी फेसबुक में नौकरी देने के लिए।

फेसबुक के बाद मार्क की अगली योजना सोशल फोन बनाने की है।

वर्ष 2004 में फेसबुक को एक नई कंपनी के रूप में रजिस्टर्ड किया गया और सीन पार्कर को इस कंपनी का प्रेसीडेंट बनाया गया।

वर्ष 2008 के शुरू में फेसबुक पर अनोखी अनुवाद प्रतियोगिता की शुरुआत

की गई थी, जो वर्ष के अंत तक चली। इस प्रतियोगिता में 35 भाषाओं को फेसबुक के लिए सक्षम पाया गया।

मार्क जुकरबर्ग को लाल व हरे रंग का रंग-अंधता (Colour Blindness) रोग है, जिसके कारण फेसबुक की वेबसाइट का रंग नीला है। यह बात उन्होंने स्वयं स्वीकार की है। एशियन टेलीविजन शो के दौरान कहा था कि मुझे कलर ब्लाइंडनेस है और मैं नीला रंग ही सबसे बेहतर ढंग से देख सकता हूँ। यही कारण है कि हमने फेसबुक का रंग भी नीला ही रखा है। वर्ष 2009 के अंत तक फेसबुक से 180 देशों के कुल 35 करोड़ यूजर्स जुड़ चुके थे।

अमेरिका में एक फेसबुक यूजर के द्वारा किसी को अनफ्रेंड करने पर उसे मौत के घाट उतार दिया गया। यह बात चौंकानेवाली अवश्य है, किंतु 100 प्रतिशत सत्य है। अमेरिका के टेनेसी (Tennessee) नामक स्थान में इसी कारण हुई एक हत्या इस बात का प्रमाण है। बिली क्ले और बिली जीन नामक दंपती ने जेनेले पोर्टन नाम की एक महिला को अपने फेसबुक अकाउंट से अनफ्रेंड कर दिया। इस बात से खफा होकर जेनेले के पिता ने उन दोनों को मौत के घाट उतार दिया।

वर्ष 2004 के अंत तक फेसबुक के यूजर्स की संख्या 10 लाख तक पहुँच गई थी।

वर्ष 2008 के आँकड़ों के अनुसार, गूगल पर शब्दों की खोज में 'फेसबुक' शब्द सबसे अग्रणी रहा। इस शब्द ने 'सेक्स' शब्द को भी पीछे छोड़ दिया।

वर्ष 2010 के शुरू में फेसबुक विश्व की 75 भाषाओं में संचालित होने लगी थी।

फेसबुक का प्रथम डाटा सेंटर जनवरी 2010 में प्रिनबिले ऑरेगन नामक स्थान पर शुरू किया गया था।

मार्क जुकरबर्ग अमेरिका के ऐसे तीसरे जाने-माने सी.ई.ओ. हैं, जो वर्ष 2014 के अंत में भारत की यात्रा पर आए। इससे पहले अमेजन के जेफ बेजोस तथा माइक्रोसॉफ्ट के सत्या नाडेला भारत आए थे।

फेसबुक ने अनुवाद के लिए अनोखा सॉफ्टवेयर तैयार किया था, जिसका इस्तेमाल उसके यूजर्स द्वारा ही किया गया था। जर्मन भाषा बोलनेवाले फेसबुक के 2,000 यूजर्स ने 14 दिनों में फेसबुक जर्मन तैयार कर लिया था। इसी प्रकार फ्रेंच बोलनेवाले 4,000 यूजर्स ने फेसबुक फ्रेंच तैयार कर लिया था और स्पेनिश बोलनेवालों ने स्पेनिश भाषा का संस्करण तैयार किया। फेसबुक ने उन्हें सिर्फ अपने सॉफ्टवेयर के इस्तेमाल की अनुमति दी थी।

फेसबुक का पहला अंतरराष्ट्रीय कार्यालय अक्तूबर, 2008 में डबलिन में खोला गया था।

फेसबुक कंपनी का लोगो अप्रैल 2013 में संशोधित किया गया था।

जून 2010 में फेसबुक पर लाइक के बटन की शुरुआत की गई।

मार्क द्वारा फेसबुक के संदर्भ में यह घोषणा की गई है कि यदि कोई व्यक्ति फेसबुक को हैक कर सके तो उसे 500 डॉलर की राशि इनाम में दी जाती है। यदि कोई व्यक्ति फेसबुक की किसी गलती को पकड़ लेता है तो भी वह इनाम का हकदार माना जाता है। इसके लिए फेसबुक ने कुछ नियम व शर्तें भी लागू की हैं। बिना अपनी पहचान बताए हैकर को फेसबुक को 24 घंटों का समय देना होगा, जिससे फेसबुक अपनी गलती को सुधार सके।

2 अप्रैल, 2010 को फेसबुक ने तसवीर शेयर करने की सेवा 'दिव्य शॉट' के अधिग्रहण की घोषणा की।

जून 2013 में 'यूजर्सनेम' नाम का फीचर जोड़ा गया।

इंटरनेट पर लगभग 75 लाख से भी अधिक वेबसाइटों पर फेसबुक के लिंक हैं।

भारत में फेसबुक का पहला कार्यालय 30 सितंबर, 2010 को हैदराबाद में खोला गया।

फेसबुक का वर्ष 2015 में चालू किए जानेवाला डाटा सेंटर अल्टूना में निर्माणाधीन है। यह डाटा सेंटर पूर्णत: पवन ऊर्जा से चलाया जाएगा।

मार्क ने फेसबुक की कोडिंग का कार्य जनवरी 2004 में शुरू किया था।

वर्ष 2007 में फेसबुक की सेवा मोबाइल फोन पर भी उपलब्ध कराई गई।

सितंबर 2012 में 'सब्सक्राइब' बटन का नाम बदलकर 'फॉलो' कर दिया गया था।

26 सितंबर, 2006 को वैध इ-मेल धारक को, जिसकी उम्र 13 वर्ष से ऊपर हो, फेसबुक पर अकाउंट बनाने की अनुमति दी गई।

फेसबुक पर रोजाना लगभग 450 करोड़ लाइक आते हैं।

जब आप फेसबुक पर लॉग इन (स्थ्द्द ढ्ढ) करके अपने होम पेज (Home Page) पर होते हैं तो उस समय आपका यू.आर.एल. होता है—https://www.facebook.com और सबसे महत्त्वपूर्ण बात यह है कि यदि आप इसके आगे सिर्फ /4 जोड़ देते हैं तो आप सीधे मार्क जुकरबर्ग की वॉल पर पहुँच जाएँगे। इसी प्रकार, यदि आप यू.आर.एल. के आगे /5 या /6 लगाते हैं तो आप सीधे फेसबुक के सह-संस्थापक क्रिस ह्यूजेस और डस्टिन मॉस्कोवित्ज की वॉल पर पहुँच जाते हैं।

16 अप्रैल, 2011 को फेसबुक ने अमेरिका के ऑरेगन प्रांत के प्रिनेविल नामक स्थान पर अपने पहले स्वयं निर्मित डाटा केंद्र का शिलान्यास किया।

फेसबुक के नियमों के अनुसार कोई यूजर 6,000 से अधिक ग्रुप का सदस्य नहीं बन सकता।

पूरे विश्व में फेसबुक पर मात्र एक व्यक्ति ऐसा है, जिसे कोई भी यूजर ब्लॉक नहीं कर सकता। वह हैं मार्क जुकरबर्ग। यदि कोई व्यक्ति उन्हें ब्लॉक करने की कोशिश करता है तो उन्हें यह संदेश मिलता है—"General Block failed error: Block failed."

वर्ष 2007 तक फेसबुक के पास लगभग 1 लाख बिजनेस पेज हो गए थे।

22 दिसंबर, 2011 को मार्क जुकरबर्ग ने फेसबुक के वार्षिक सम्मेलन 'एफ 8' में फेसबुक के मौजूदा 'टाइमलाइन' की सुविधा का श्रीगणेश किया।

फेसबुक कंपनी के डाटा सेंटर में एक इंजीनियर लगभग 20 हजार सर्वरों की देखरेख का कार्य करता है।

वर्ष 2011 में फेसबुक 'हैकर स्क्वायर' में स्थानांतरित कर लिया गया था। यह 57 एकड़ की विशाल भूमि में फैला हुआ था, जिसमें 10 भवनों की विशाल इमारत थी। इसके पुनर्निर्माण में फेसबुक ने 25 करोड़ डॉलर की राशि खर्च की। यहाँ 6,500 कर्मचारियों के बैठने की व्यवस्था है, जिसे आवश्यकता पड़ने पर बढ़ाया भी जा सकता है। इसके अलावा, इसी स्थान के सामनेवाली भूमि भी फेसबुक द्वारा खरीद ली गई, जिसमें लगभग 2,000 कर्मचारियों के बैठने की सुविधा हो सकती थी।

वर्ष 2011 के अंत तक कंपनी के शेयरधारकों की संख्या 500 की सीमा से पार हो गई थी।

फेसबुक के आई.पी.ओ. से दो दिन पूर्व 16 मई को कंपनी के मूल्य लक्ष्य से 25 प्रतिशत अधिक यानी कुल 42.10 करोड़ शेयरों को सार्वजनिक करने का फैसला किया गया था। इस प्रकार फेसबुक ने 38 डॉलर प्रति शेयर के लक्षित मूल्य पर करीब 16 अरब डॉलर की पूँजी वसूलने का फैसला किया।

16 अरब डॉलर की पूँजी हासिल करके फेसबुक आई.पी.ओ. अमेरिका के इतिहास का तीसरा सबसे बड़ा आई.पी.ओ. बन गया था।

फेसबुक यूजर्स में से जब किसी की मृत्यु हो जाती है तो हम फेसबुक पर इसकी रिपोर्ट कर सकते हैं। रिपोर्ट करने के बाद फेसबुक उस व्यक्ति के प्रोफाइल को एक स्मारक अकाउंट (Memorizing Account) में बदल देता है। इसके बाद कोई भी व्यक्ति उस स्मारक अकाउंट को लॉग इन नहीं कर सकता और न ही इसमें किसी प्रकार का बदलाव किया जा सकता है। यह अकाउंट उसके परिचित लोगों को दिखाई तो देता है, किंतु किसी अन्य गतिविधि में नहीं चलता।

19 फरवरी, 2014 को फेसबुक ने स्मार्टफोन के लिए क्रॉस प्लेटफॉर्म इंस्टेंड मेसेजिंग सब्सक्रिप्शन सर्विसेज (Cross Platform Instand Messaging Subscription Services) को 19 अरब डॉलर के नकदी व शेयर हस्तांतरण सौदे के माध्यम से अधिगृहीत कर एक नई उपलब्धि हासिल की।

जून 2014 में फेसबुक पर दैनिक यूजर्स की औसत संख्या 82.90 करोड़ थी और फेसबुक मोबाइल पर यह संख्या औसतन 6.54 करोड़ थी; जबकि 30 जून, 2014 को मासिक सक्रिय यूजर्स की संख्या 13.20 अरब तक पहुँच गई थी और फेसबुक मोबाइल पर मासिक सक्रिय यूजर्स की संख्या 1.07 अरब थी।

शायद यह जानकर आपको आश्चर्य होगा कि मार्क जुकरबर्ग एक हैकर हैं। यह बात मार्क ने स्वयं कबूल की है। उन्होंने कहा कि इस हुनर ने ही उनकी कंपनी को बुलंदियों पर पहुँचाने में मदद की। मार्क का कहना है कि "कोई भी चीज सर्वश्रेष्ठ नहीं होती। उसमें हमेशा सुधार की गुंजाइश मौजूद रहती है। एक हैकर हमेशा अपनी इसी सोच के बलबूते उन विचारों और उत्पादों पर बाजी लगाते हैं, जो नए तो होते हैं, लेकिन उनके असफल रहने की आशंका भी मौजूद रहती है। अपनी इसी सोच के बलबूते मैंने दुनिया की सबसे कामयाब इंटरनेट कंपनी खड़ी की।"

मार्क ने यह बात एक आलेख में कही। यह आलेख फेसबुक का आई.पी.ओ. लाने के लिए सरकारी पर्यवेक्षकों को सौंपे गए दस्तावेजों का हिस्सा है।

फेसबुक ने भारत सहित 40 देशों की मोबाइल सेवा-प्रदाता कंपनियों से समझौता किया है। इस समझौते के अंतर्गत फेसबुक की एक नई साइट का उपयोग मोबाइल पर निःशुल्क किया जा सकेगा। यह फेसबुक का ही एक अलग संस्करण होगा। भारत में रिलायंस कम्युनिकेशंस और वीडियोकॉन मोबाइल पर यह सेवा प्रदान करेंगे। इसके बाद शीघ्र ही टाटा डोकोमो पर भी यह सेवा शुरू हो जाएगी। इसमें फोटो व वीडियो के अलावा फेसबुक की अन्य सभी संदेश सेवाएँ भी यूजर्स को मिलेंगी।

मार्क जुकरबर्ग को भविष्य का बिल गेट्स कहा जाता है।

"व्यक्ति को सफलता पर खुशी मनाने का पूरा अधिकार है;
किंतु उसे असफलताओं से सबक लेना भी आना चाहिए।"

□□□